中国特色家庭农场嵌入式发展研究

管 珊 ◎ 著

中国财经出版传媒集团

经济科学出版社
Economic Science Press

图书在版编目（CIP）数据

中国特色家庭农场嵌入式发展研究/管珊著.
－－北京：经济科学出版社，2022.10
ISBN 978－7－5218－4105－3

Ⅰ.①中… Ⅱ.①管… Ⅲ.①家庭农场－农业经济发
展－研究－中国 Ⅳ.①F324.1

中国版本图书馆 CIP 数据核字（2022）第 189922 号

责任编辑：胡成洁 梁含依
责任校对：刘　娅
责任印制：范　艳

中国特色家庭农场嵌入式发展研究
管　珊 著
经济科学出版社出版、发行 新华书店经销
社址：北京市海淀区阜成路甲 28 号 邮编：100142
经管中心电话：010－88191335 发行部电话：010－88191522
网址：www. esp. com. cn
电子邮箱：espcxy@ 126. com
天猫网店：经济科学出版社旗舰店
网址：http：//jjkxcbs. tmall. com
北京季蜂印刷有限公司印装
710×1000 16 开 13 印张 220000 字
2022 年 11 月第 1 版 2022 年 11 月第 1 次印刷
ISBN 978－7－5218－4105－3 定价：60.00 元
（图书出现印装问题，本社负责调换。电话：010－88191510）
（版权所有 侵权必究 打击盗版 举报热线：010－88191661
QQ：2242791300 营销中心电话：010－88191537
电子邮箱：dbts@ esp. com. cn）

本书为国家社会科学基金重点项目"嵌入性视角下家庭农场的发展问题研究"（项目编号：15ASH006）研究成果。本书出版同时受湖北经济学院学术专著出版基金和湖北省大学生思想政治教育评价中心联合资助。

前　　言

党的二十大报告指出：巩固和完善农村基本经营制度，发展新型农村集体经济，发展新型农业经营主体和社会化服务，发展农业适度规模经营。家庭农场作为近年来兴起的重要新型农业经营主体，对推进农业适度规模经营和社会化服务发展、发挥农村集体经济组织功能、巩固和完善"统分结合"的农村基本经营制度具有重要意义。

中国家庭农场发展既有基于各国家庭农场发展的共同特征，更有基于国情的中国特色。中国农村集体土地所有制度意味着规模经营的家庭农场只能通过土地租赁合约的方式完成资源的获取，进而表现出租赁农场的特质，与欧美国家可以作为遗产继承的家庭农场有显著差异。中国农村延续几千年的村社结构和小农经济传统也意味着家庭农场不可能实现大规模经营而只能走适度规模经营道路。"大国小农"的基本国情背景下，发展家庭农场还需考虑小农户与现代农业有机衔接的问题。由此，中国特色家庭农场需要走一条嵌入式发展道路，表现为家庭农场受人地关系、社会资本、乡村社会结构制约并与上述因素双向互构。家庭农场的嵌入式发展路径是在"三农"整体视野中形成的，既回应了农业的规模经营问题，也回应了农村发展和农民发展问题。

本书是笔者多年调研、观察和思考凝结而成的成果，书中所展现的家庭农场特征、影响及发展趋势随着新时代中国大地的巨变愈发彰显。比如家庭农场与小农户长期共存、土地流转中集体组织的作用、家庭农场繁昌模式的生命力等。衷心希望本书的出版能为全面推进乡村振兴提供有益参考。书中不成熟不完善之处，敬请同行专家指正。

目　　录

第1章 导 论

1.1 研究目的和意义

家庭农场是世界上最普遍的农业生产经营模式之一。在欧美等西方国家，家庭农场经营已具有数百年的历史。围绕家庭农场而开展各种社会化服务组织应运而生，形成了较为健全的农业经营组织体系。在优良的土地资源、强大的技术装备等因素的支撑下，美国等国家的农业基础性地位牢固，成为全球主要的农产品出口国。中国作为后发现代化国家，力主推动工业化、信息化、城镇化和农业现代化同步发展。在"四化同步"的战略安排中，农业现代化一直是较为明显的短板。但农业的基础性地位关系民生福祉和国家安全，工业化、信息化和城镇化越向前发展，农业的基础性地位越需要巩固。随着农业人口尤其是农村劳动力大量转移进城，中国农业生产呈现出老龄化等特征，亟待构建新的农业经营体系。发展适度规模经营并在此基础上培育新的农业生产经营主体或组织成为一个亟待研究的方向。

2008年党的十七届三中全会通过《关于推进农村改革发展若干重大问题的决定》，提出"允许农民以转包、出租、互换、转让、股份合作等形式流转土地承包经营权，发展多种形式的适度规模经营"。适度规模经营成为农村发展的焦点所在。2013年党的十八届三中全会通过《中共中央关于全面深化改革若干重大问题的决定》，提出"鼓励承包经营权在公开市场上向专业大户、家庭农场、农民合作社、农业企业流转，发展多种形式规模经营"。2014年11月，中共中央办公厅、国务院办公厅印发

《关于引导农村土地经营权有序流转发展农业适度规模经营的意见》，提出"土地流转和适度规模经营是发展现代农业的必由之路，有利于优化土地资源配置和提高劳动生产率，有利于保障粮食安全和主要农产品供给，有利于促进农业技术推广应用和农业增效、农民增收"。农业适度规模经营成为引领农村改革发展的方向。与此同时，在推进农业适度规模经营的基础上构建新型农业经营体制也成为政策关注的焦点。家庭农场的提出正是在这一背景下产生的。党的十八届三中全会提出，坚持家庭经营在农业中的基础性地位，推进家庭经营、集体经营、合作经营、企业经营等共同发展的农业经营方式创新。这是一个重大理论创新，为完善农村基本经营制度、加快构建新型农业经营体系指出了明确方向。

2013 年，"家庭农场"首次在中央一号文件中出现，文件提出"创造良好的政策和法律环境，采取奖励补助等多种办法，扶持联户经营、专业大户、家庭农场。" 2014 年的中央一号文件则明确提出要按照自愿原则开展家庭农场登记。2014 年 2 月，农业部下发了《关于家庭农场发展的指导意见》指出，家庭农场是以农民家庭成员为主要劳动力，以农业收入为主要收入来源，从事规模化、集约化、商品化农业生产的新型农业经营主体。家庭农场是农户家庭经营的升级版，已成为引领适度规模经营、发展现代农业的有生力量。至此，家庭农场的实践进程大大加快。农业部 2015 年底对家庭农场的统计调查显示，全国家庭农场已粗具规模。截至 2015 年底，经农业部门注册认定的家庭农场共有 34.3 万个，[①] 截至 2021 年 7 月底，全国纳入家庭农场名录系统的家庭农场超过 380 万个，[②] 家庭农场在不到六年的时间内增长近 10 倍。

但在实践中，家庭农场发展存在各种问题。其一，概念不清导致各地登记标准混乱，资格审查存在难题，实践中家庭农场呈现出复杂而多元的组织特征，使得家庭农场的内涵更加难以把握。其二，过于强调家庭农场作为新型农业经营主体与传统农户的区别，而忽视二者之间的联系，在规模问题上，存在追求越大越好的倾向。其三，家庭农场发展迅速，但是实

---

① 袁梦，等. 我国家庭农场发展的现状、问题及培育建议——基于农业部专项调查 34.3 万个样本数据 [J]. 中国农业资源与区划，2017（6）：184 - 188.

② 农业农村部. 关于政协第十三届全国委员会第四次会议第 5041 号（农业水利类 473 号）提案答复的函 [DB/OL]. http://www.moa.gov.cn/.

力较弱，与农户的利益联结机制不牢，不少家庭农场存在合约不稳定问题。其四，家庭农场改变农村社区的基本面貌和传统治理结构，对社区社会资本再造和社区机制作用发挥带来一定影响。如何制定更完善的政策，培育家庭农场发展；如何促进家庭农场通过多种利益分配方式，稳定土地流转关系，开展适度规模经营；如何使家庭农场的发展与农村社区发展相契合，增添农村社区活力而不是消解农村社区，都亟待学术界加强对家庭农场实践经验的总结和理论反思。

家庭农场作为农业适度规模经营的重要主体，成为继农民专业合作社之后国家层面认可并鼓励发展的又一新型组织形态。与农民专业合作社培育发展初期规范化不足、名实不副的情况类似，家庭农场的发展也存在一定的规范困境。典型表现是：不少下乡资本及农民合作社在政策利好背景下挂牌或翻牌成立家庭农场；家庭农场名义上是以家庭劳动力为主，但实际经营中存在普遍的用工需求，表现出家庭劳动力、常年雇工与临时性雇工混合的劳动结构等。借鉴国外经验从规范角度出发研究家庭农场的内涵、特征及意义已经不足以回应现阶段家庭农场出现的实然问题。最好的办法是回到实践中去，理解家庭农场的实际运作逻辑，再来反思中国需要什么样的家庭农场、如何制定更加有效的政策培育具有中国特色的家庭农场？

目前关于家庭农场的解释存在较为明显的低度社会化倾向，即把家庭农场的生成、运作单纯看作经济问题，而忽视了社区等社会结构的影响，也未将家庭农场及其规模经营的问题放置在"三农"问题的整体视域中考察。"三农"问题在我国现代化转型中发挥着压舱石的作用，是中国经济增长的稳定器和蓄水池。以西方尤其是美国地广人稀资源禀赋条件下运作的农业组织形态为蓝本，推动规模经营家庭农场发展的思路无疑是一条缺乏国情认知的激进道路。由此，家庭农场的实然研究必然要以我国"三农"问题的国情为背景，综合考虑经济与社会等各方面的因素，探讨如何走出一条稳健的具有中国特色的家庭农场发展路径。

本书从嵌入性理论出发，引入嵌入式发展概念。嵌入性思想注重经济的实体分析，强调经济行为背后的结构因素，而不是将行为主体仅仅视为脱离具体结构情境的理性经济人。嵌入性思想最早由卡尔·波兰尼（Karl Polanyi）论及，他认为人类经济通常潜藏于人类的社会关系之中，提出了经济的整体性嵌入观。马克·格兰诺维特（Granovetter Mark，1985）吸收这一思想，发表了著名的《经济行动与社会结构》一文，深入阐释了经济行动嵌入社会结构的观点。家庭农场嵌入式发展强调家庭农场的规模经营行为既有出于市场经济理性、遵循效率的一面，也受制于社会网络等结构性位置资源，在土地流转、劳动力的雇用管理、规模选择、合约治理等问题上表现出充分的社会理性，由此呈现出复杂多样的家庭农场实践形态。在嵌入性视角下呈现的家庭农场还有助于理解家庭农场发展稳定性问题，以及探讨家庭农场对农户和社区的影响。上述这些至关重要的问题均能拓展从经济学视角开展的家庭农场研究面向。

本书聚焦家庭农场的发展问题，将具有理论和现实两个方面的意义。

（1）理论意义。目前学术界尚缺乏对家庭农场如何嵌入本土社会发展的系统的理论研究。本书试图通过对家庭农场的实证研究，分析中国语境下家庭农场的内涵，建构多重约束下家庭农场发展路径，提出具有中国本土特色的家庭农场发展理论，具有重要的学理价值。另外，本书综合运用社会学和制度经济学等理论探讨家庭农场的发展问题，有利于深化对嵌入性与合约治理内容的讨论，进而促进交叉学科的发展。

（2）现实意义。家庭农场的诞生是经济社会发展到一定阶段的产物，反过来对经济发展、社会稳定产生一定的正效应。家庭农场的培育政策理应综合考虑经济社会等多方面的因素，明确中国家庭农场发展目标，促进家庭农场在开展规模经营的过程中实现与小农户共生发展，促进社区稳定和繁荣。因此从嵌入性视角下开展的家庭农场研究有助于为推进中国式农业农村现代化和乡村振兴战略有效实施提供路径参考。

1.2　国内外研究现状

1.2.1　国外家庭农场研究

家庭农场（family farm）是欧美舶来词。美国农业部定义家庭农场为没有雇用经理人、不含非家庭成员的法人或合作组织的农场。俄罗斯将家庭农场定义为享有法人权利的独立生产经营主体，可由农民个人及家庭成员组成。美国与俄罗斯对家庭农场的定义均体现了家庭农场的家庭特性、独立生产经营特性。以这一概念为基准，纵观国外家庭农场研究，研究主题涵括了农场家庭经营生命力、农场特征及其发展趋势、家庭农场风险问题、家庭农场与社区关系等方面。

1. 农场家庭经营生命力研究

集中探讨农业经营的发展趋势是以小农家庭经营为主还是以雇佣制的农场经营为主。

第一，坚持雇佣制为基础的农场经营必然取代小农家庭经营的观点。马克思认为农业和工场手工业以家庭经营为主，随着生产力的进步和历史的发展，原始的家庭纽带将被资本主义生产方式替代，农业大生产将逐步取代小生产，雇佣工人将代替农民。① 然而德国社会民主党人士对马克思的农业论断表示质疑，他们认为小生产并不是迅速被大生产吞食掉；相反，在可以预见的一段时间里将具有生命力，现实中小生产者的困境主要来自货币资本的剥夺而不是源于本身的落后性（王长江，1986）。恩格斯在《法德农民问题》这部著作里鲜明捍卫了马克思的观点，恩格斯强调争取农民不等同于保留农民的小私有制，小农的出路或农业发展的道路只能是生产资料的公共占有，大规模地采用合作生产，使之成为向共产主义经济过渡的形式。② 卡尔·考茨基（Karl Kautsky）在《土地问题》中回应了上述争论，他认为农业资本主义发展是必然的，只是因为各国国情不同，社会变迁与技术等条件不同，加之农产品市场波动等因素，大农场经营会遭遇很多现实困境。考茨基认为相对于一家一户的家庭式农业经营，资本主义雇佣农场更加有利于农业生产的发展，因为其具有分工合作的规模经济优势与资金优势。

第二，支持小农家庭经营生命力的观点。按照古典经济学家的论断，资本主义雇佣农场更加有利于农业生产的发展，但为什么在工业革命后很长一段时间内农业生产以家庭农场为主，而不是以大农场为代表的资本主义发展模式？恰亚诺夫（A B Chayanov）对农民经济组织的分析表明，在市场经济环境中，通过农户之间的合作，农民经济组织可以为分散家庭经营的农户提供从生产到加工再到销售的"纵向一体化"服务，因而农户家

---

① 马克思. 资本论［M］. 郭大力，王亚南，译. 上海：上海三联书店，2009：358 – 360.

② 马克思，恩格斯. 马克思恩格斯全集（第 22 卷）［M］. 北京：人民出版社，1965：563 – 587.

庭经营也可以获得规模经济的优势，使其成为农业生产经营的主要组织形式。西奥多·舒尔茨（T W Schultz）也认为传统农民并非缺乏"理性"，而是缺少可配置的资源，改造传统农业只需要在坚持家庭经营的基础上，提供给农民可以利用的现代生产要素和利益刺激，主要包括市场机制中的利益刺激和对农民的教育培训。另有研究者分析认为，1870 年以后欧美国家以雇佣制为代表的农业资本主义逐步衰落，代之而起的是家庭式农业生产，这样一种生产方式完全可以和现代农业生产技术相融合，并实现农业生产的现代化（Niek Koning，2002）。此外，家庭农场而不是资本主义雇佣制大农场能够取得土地与资本的规模经济，其关键在于农业生产中的劳动要素难以产生规模经济特性（Shanin T，1971；Fridmann H，1980）；农业不同于工业的一个显著特点是农业的季节特征，这会导致分工经济中的交易成本尤其高昂，因此农业领域很难出现大规模农场（Allen D W，Lueck D，1998）。

2. 家庭农场发展特征及趋势的研究

美、德、法等国均是家庭农场发展成熟且农业现代化水平在世界上处于领先地位的国家，学者们对这些国家家庭农场发展特征及其趋势展开了大量研究。第一，美国家庭农场的发展趋势是农场数目逐渐减少和经营规模不断扩大。美国家庭农场数量在 1935 年达到最高峰值，为 681.4 万个，平均规模在 155 英亩（肖娥芳、祁春节，2015）；1989 年美国家庭农场数目为 214.3 万个，平均规模为 457 英亩，全国农产品总量的 85% 由占农场总数 25% 的大农场生产，2010 年美国家庭农场数目也维持在 220 万个，发展基本稳定（李尚红，2006）。美国家庭农场发展的历史显示，家庭农场效率提升和竞争力的强化来自较大农场以其资本、技术、装备等方面的规模优势对小农场的兼并。大型家庭农场虽然在数量上不占优势，但在农产品产出比重方面占比越来越高，说明其具有更好的土地生产率和劳动生产率（张红宇等，2017）。第二，2013 年德国家庭农场数目约为 38 万个，其中约有 85% 的农场是规模在 2~100 公顷的中小型农场。近年来德国 75 公顷以下的农场呈减少趋势，而 75 公顷以上的农场则呈增加趋势（丁声俊，2013），形成这一趋势主要得益于德国"四位一体"的健全的农业社会化服务体系，即合作社联盟、农民联合会、农业联合会和农业协会为农场提供全方位服务（蔡伟、杜丹，2014）。第三，法国地少人多，在国家农地规模政策的干预引导下，20 世纪 50 年代后法国小农场数目不断减少，土地集中有力促进了法国农业现代化发展（郎秀云，2013）。法国拥有各类家庭农场 60 多万个，中小家庭农场占总数的 80% 以上，务农人数约占全国就业人数的 3%。随着农业生产成本的增加和市场竞争的加剧，法国家庭农场也出现通过兼并不断扩大规模和发展农工贸一体化经营的趋势（何劲、熊学萍、宋金田，2014）。

3. 家庭农场风险问题研究

关于家庭农场风险问题的研究聚焦于经济学或社会学领域。一是从经济学角度展开的家庭农场风险问题研究。家庭农场风险首先是家庭经营面临的管理风险，研究者们通常将之与专业管理者经营相比较，家庭经营的显著特征是将情感与商业经营混合在一起，因而也成为家庭农场经营紧张和风险的源泉。家庭农场若过度强调经营特征会侵蚀掉家庭沟通、身份确认、忠诚、时间和情感等，而过度强调家庭特征，则会侵蚀掉商业沟通、商业关系、决策制定和战略选择等（Carlock and Ward，2001）。此外，家庭农场遭遇的风险压力还包括政府关于农业价格和农业贷款等方面的政策（Francis Moore Lappe，1985），农场的代际传承与企业所有权、控制权的移交问题等（Lobley Matt，2010）。二是从社会学视角展开的家庭农场风险问题研究。农场成功学是农村社会学研究的传统，这些研究将家庭农场遭遇的风险与农场的家庭特征或家庭的生命周期联系起来，尤其关注家庭农场在代际之间的传承问题（Jane L. Glover，2010）。有学者对代际继承的重要性和影响因素进行了分析，认为将农场传给下一代是有关声誉、保持家庭姓氏的重大问题（Ramona Marotz Baden，1988；Anderson and Jack，2000）。而农场家庭成员年龄、教育水平、离农工作、财富期望值、农场经营位置等因素皆会影响家庭农场的代际继承（Ashok K Mishra et al.，2010）。此外，有学者对家庭农场中的性别关系及性别因素在家庭农场决策中的影响进行了研究，特别是对农业生产经营中女性角色的分析（Blanc M and MacKinnon N，1990；Bjørkhaug H and Blekesaune A，2008；Alston M，1998；Gidarakou I et al.，2000）。另外，也有学者分析了家庭成员兼职与家庭农场发展的关系，他们的研究发现，多样化的收入渠道为家庭农场抵御风险提供更多的资金保障（Alasia A et al.，2009）。

4. 家庭农场与社区的关系研究

家庭农场与社区的关系研究聚焦于探讨家庭农场规模与农村社区福利、农场中的女性角色及其在社区发展中作用、农场技术变革对农村社会关系的影响等方面。第一，美国农业社会学对农场规模和社区福利关系的研究是美国家庭农场研究的一个传统。有学者通过对两个分别拥有大规模农场的社区和众多小农场为主的社区的研究，指出农场规模越大，农村社区福利越低的结论（Goldschmit，1978）。在这一传统下，后续的研究陆续表明，以小规模和中等规模农场为主导的农村社区将在资源配置上拥有最大化广泛性的基础控制，增进居民的经济独立；而在大规模农场主导的农村社区，关键生产资源被集中控制，劳动者出卖劳动力而不是经营他们自己的农场。最初的研究被称为开创性研究；在这一传统下的第二代研究主要是将质性研究转向定量分析，但这一时期的定量研究并未包含丰富的控制变量；第三代研究则是基于第二代定量模型的完善（Rick Welsh，2009）。第二，农场中的女性角色及其在社区发展中的作用。家庭农场离不开女性角色的发挥，女性在维系农场共同体、缓解农村社区人口下降的不利影响等方面均具有重要影响（Blanc Michel and MacKinnon Niall，1990）。也有研究表明，女儿能在家庭农场继承和农村社区发展方面发挥重要作用，但受父权制的影响，其作用往往被忽视（Diane Elizabeth Luhrs，2016）。第三，农场技术变革对农村社会关系的影响。新技术改变了经济生产的逻辑，改变了农村社会关系，并对许多其他农业实践产生影响（Jan Anderson，2001），如在水稻收割中的农场机械化作业降低了对社会合作的需求，带来了人际关系的疏离化等。

1.2.2 国内家庭农场研究

家庭农场作为世界上最主要的农业经营组织形态，往往以自有土地或者租赁土地为基础而建立。在中国人多地少的国情和土地集体所有的情况下，家庭农场主要建立在租赁土地即土地流转的基础之上。2013 年中央一号文件首次提出"家庭农场"概念。这一概念的提出大大地促进了家庭农场实践及其学术研究。纵观国内家庭农场研究文献，其研究主题分布在以下 5 个方面：家庭农场概念，家庭农场发展意义，家庭农场发展的前提条件，家庭农场组织特征，家庭农场与其他新型农业经营主体的关系。

1. **家庭农场概念研究**

在中央出台家庭农场的相关政策前，"家庭农场"一词就出现在学者的相关论述中，而在 2014 年中央一号文件之后，家庭农场的研究逐步增多，可以发现不同的学者在使用"家庭农场"一词时，表述的内涵和外延也略有不同，各有侧重。

第一，认为家庭农场是建立在家庭经营基础上的"农民的生产方式"，此表述尊重农民的自由发展，因而此种家庭农场与将农民不断无产化，建立在雇佣劳动基础之上的"农业资本主义"生产方式具有迥然不同的性质（董正华，2014）。小农经济就是家庭农场（赵冈，1994），家庭农场仍然是小农经济的范畴（余练，2013）。小农经济是农业中以个体家庭为基础的小生产和小块土地所有的统一，即以家庭为微观生产主体的小规模农场经营（丁长发，2010）。在这些学者的论述中，小农、农户、家庭农场通常都是一个意思。此种定义主要侧重家庭农场家庭经营的这一特征，而作为小农经济的小规模可以是极度分散零碎的小规模也可以是适度规模，关键是指家庭经营范围内的规模。按照这个定义，当今在我国进行农业生产的家庭承包户都可算作家庭农场。

第二，认为家庭农场等同于适度规模经营的农户，是农户家庭经营的扩展。中国现在发展的家庭农场应该是劳动和资本双重密集型适度规模经营农户，因为这种农户比大规模农场更加符合我国人多地少的基本国情（黄宗智、彭玉生，2007）。此处家庭农场的定义主要是从家庭劳动力投入、资本投入适度规模及市场化决策四个方面界定，包含了土地自发流转基础上的自耕农、种养大户、专业大户等主体。家庭农场区别于单个农户，家庭农场与单个农户的相同点在于以家庭为基本单位，但两者规模相差很大（高帆、张文景，2013）。

第三，认为家庭农场是具有法人地位的市场主体，是制度化、规范化的专业大户，有别于普通的适度规模经营农户，是一种企业化的法人主体。因此家庭农场具有企业化、规模化、集约化、知识化四个方面的内涵（楼栋、孔祥智，2013）。此定义主要强调家庭农场的企业特征。

2. **家庭农场发展的意义分析**

第一，家庭农场的社会效益。一是家庭农场促进文化传承和文化认同。家庭农场与土地有着天然的依存关系，农业生产与血缘亲情、祖宗认同等精神信仰融为一体，是地方社区稳定和可持续发展的重要力量（杜志雄、王新志，2013）。二是家庭农场能有效破解农业兼业化问题及农民老龄化问题所带来的发展困境。家庭农场的最大吸引力在于给予农民从农业中增收致富的可能性，从而吸引有素质、有技能的青年人留在农村，同时培养家庭农场主成为新型职业农民（袁赛男，2013）。三是家庭农场制有利于促进农业经济发展和维护农村社会稳定，是对我国家庭经营制度的继承和完善（高强、刘同山、孔祥智，2013）。家庭农场不仅将现代农业要素融入传统农户家庭经营，同时避免雇工农场大规模流转土地带来的问题，是我国农业走向现代化的有效路径（袁赛男，2013）。

第二，家庭农场的经济效益。一是家庭农场能够发挥家庭生产经营的激励优势，因而促进农业生产效率提升。家庭成员相比雇工有更高的激励和风险意识去努力工作（黄延廷、崔瑞，2013）。家庭农场保留了家庭生产经营农业的优势，符合农业生产特点的要求，是其他农业组织形式不可替代的（朱启臻、赵杨昕，2013）。二是家庭农场经营以市场为导向，追求利润最大化，占有适度规模的农地和现代技术装备，呈现企业化特征（胡书东，1996）。家庭农场的发展会逐步转向经营管理专业化、土地规模经营和产业化综合经营，从传统的农场管理制度逐步走向农业现代企业制度（黎东升、曾令香、查金祥，2000）。三是家庭农场制度有利于促进农产品多元化、特色化和异质性，提高农产品质量，进而促进我国农业产业结构的优化调整（印堃华、邓伟、孟郡峰，2001）。四是实行家庭农场制可以增加农业基础建设投资，提高农户抵御自然风险能力；因地权整合降低的交易成本，家庭农场法人地位的确立，以及农场主对市场的驾驭能力和对信息的准确把握等则有利于家庭农场提高规避市场风险的能力（李学兰、汪上，2010）。

3. 家庭农场发展的前提条件研究

家庭农场是农业生产模式从传统向现代的转变，它的发生需要一定的前提条件。学者对此进行的专门研究可以归为以下四点。

第一，土地经营权合理流转。发展家庭农场必须将分散的零碎土地集中起来开展规模经营（范传棋、谭静、雷俊忠，2013），要尽快建立土地承包经营权流转机制（张敬瑞，2003），要确保土地经营权的合法有序转让，从而实现规模经营（高强等，2013）。通过稳定土地承包期、确权颁证等方式构建土地流转长效机制，激发农民发展家庭农场经营积极性（魏琪嘉，2013）。

第二，农业劳动力向非农产业转移。土地实现规模集中的前提是非农产业的活跃发展和农村劳动力的大量转移（胡书东，1996），通过转移农村大量的劳动力使有志于发展农业的种田能手或专业大户得以继续扩大规模，发展家庭农场（曹东勃，2014）。家庭农场适宜在城镇化比率比较高的地方发展，家庭农场是对现行家庭经营的一种补充而不是替代，因此家庭农场应与农民土地退出意愿相结合，而不能出现强制垒大户的"人造家庭农场"（郑风田，2013）。

第三，农业生产机械化水平提高。农业生产机械化水平的提高可以弥补单个家庭劳动力的不足，为家庭开展规模经营提供条件（潘慧琳，2013）。

第四，政府政策支持。政府有效支持下发挥私人经济的积极作用，刺激生产的发展，宜通过合理的土地流转实现耕地的规模效应，政策上应进一步加大对土地流转的支持力度，规范土地经营权的有偿转让（许莹，2006）。地方政府在实际工作中，可在同等条件下优先给予家庭农场农业项目，对家庭农场购置大型农机等进行补贴（董亚珍、鲍海军，2009）。

4. 家庭农场的组织特征分析

第一，家庭农场中土地要素的分析。土地制度变革是农业适度规模经营和家庭农场发展的基础。在坚持农村土地集体所有制的前提下，《农村土地承包法》赋予农民土地承包权物权性质，对于促进土地经营权流转具有积极意义，但是在中国地少人多、社会保障制度不健全的情况下，土地在农村担负着就业、收入等各种保障功能，因此土地流转的同时还需综合配套改革跟进，土地流转的效益还有待观察（李学林，2007）。我国农业生产关系变化的新趋势是从"两权分离"到"三权分离"，即"落实集体所有权、稳定农户承包权、放活土地经营权"。随着工业化、城镇化的推进，农民工数量达到 2.6 亿，平均每户就有一个非农劳动力，农业兼业化越来越明显，使我国土地制度的宏观背景与微观基础都发生了变化。实行"三权分离"主要是将经营权从农户承包经营权中分离出来，鼓励土地向家庭农场、农民专业合作社等新型农业经营主体集中，在家庭经营的基础上发展出多元经营的格局（张红宇，2014）。土地流转的区域差别很大，城镇化率高的地区土地流转率相应较高（范梅华、顾荣，2013）。家庭农场发展应关注土地集中与流转机制构建，给家庭农场土地产权交易关系以法律和制度保障（郭正模，2013）。家庭农场的发展遵循土地集体所有制、土地的自愿流转以及土地的大农业用途这几个准则（高帆、张文景，2013）。

第二，家庭农场中劳动力要素的分析。涉及对家庭农场主特质的分析和对雇用及管理问题的讨论等。万江红、管珊（2014）通过对安徽平镇家庭农场的研究，发现家庭农场呈现无雇用化的商品化特征，即家庭农场一方面较普通农户更能促进专业分工和农村商品化、市场化的发展；另一方面，家庭农场内部以家庭劳动力为主，少雇用，并且没有雇用经理人，是否雇用经理人是家庭农场区别于资本主义式农场的关键所在。

第三，家庭农场中资本要素的分析。资本要素涉及家庭农场融资问题和投资规模问题。有学者认为发展家庭农场的资金门槛相对较高，融资问题有待重视（魏琪嘉，2013）。资本稀缺深刻影响家庭农场在市场网络中的位置及其获取资源的能力（郭云涛，2009）。此外，家庭农场投资主体和投资结构也存在问题，家庭农场投资规模应该因地制宜，家庭农场投资结构有待优化，应加大固定资产投资比例，完善农业长期发展规划（霍东乐、乔宏、段丽娜，2015）。

第四，对家庭农场适度规模的研究。家庭农场是资本、土地、劳动力等要素的综合体。家庭农场的适度规模体现为各要素的有机组合和优化配置。中国的规模经营受制于中国人多地少的国情，只能是适度规模经营而不是西方的大农场经营（张晓山、苑鹏，2009）。黄祖辉（2014）也认为农业规模经营要从追求土地规模向追求农场的比较效益和综合效益转变。郑少锋（1998）从政府和农民利益的角度对土地经营规模中的"适度"做了初步的探讨。农业农村部对土地适度规模经营的"适度"界定为把握好劳动生产率与土地生产率之间的平衡。[①] 如果经营规模过小，利于土地生产率但是劳动生产率难以提高，制约农民增收，且对农业的可持续发展不利；经营规模过大，有利于劳动生产率但是制约农业增产，过度降低土

---

① 国务院公报 2014 年第 17 号. 农业部关于促进家庭农场发展的指导意见 [EB/OL]. 中国政府网，www. gov. cn.

地生产率的方式也是不可取的。

5. 家庭农场与其他新型农业经营主体的关系研究

第一，家庭农场与农业企业。二者的相同点在于均具有较大经营规模，不同点在于资本、劳动的来源及决策方式有很大不同（高帆、张文景，2013）。企业化经营与家庭经营各有优势，企业化经营适合标准化程度高的加工领域，而家庭经营适合农业种植领域，家庭农场是新型职业农民的理想载体（朱启臻，2013）。农业企业是引领农业现代化发展的龙头，家庭农场与农业企业之间是合作关系（楼栋、孔祥智，2013）。

第二，家庭农场与农民专业合作社。农民专业合作社是家庭农场的服务主体（杜志雄，2013）。农民专业合作社要获得更好的发展必须先培育具有适度规模经营的家庭农场，因为家庭农场作为适度规模经营主体，相较于小农户能产生更大的合作需求（朱启臻，2013）。

第三，家庭农场在新型农业经营体系中的地位。改革开放以来，我国的农业经营主体已由改革初期相对同质性的家庭经营农户占主导的格局向现阶段的多类型经营主体并存的格局转变，这种多类型的新型农业经营主体主要包括专业大户、家庭农场、农民专业合作社、农业企业等，它们是建设现代农业的微观基础（楼栋、孔祥智，2013）。构建新型农业经营体系主要是坚持家庭经营在农业中的基础性地位，推进家庭经营、集体经营、合作经营、企业经营等共同发展的农业经营方式创新。未来农业发展，必将是多元主体并存的格局（杜志雄、王新志，2013）。

1.2.3　国内外文献述评

国外家庭农场研究主题广泛，分布在农业社会学、农业经济学、管理学等学科领域。其中，农业社会学主要关注农场规模变化与社区福利的关系，关注家庭农场内部的家庭关系及其对农场经营的影响，关注农场经营尤其是农业技术变革对农村社会关系的影响等；而农业经济学偏重研究农场规模与效率的关系；管理学则注重研究家庭农场作为家庭经营的一种形式在风险管理、决策制定等方面的特征。国外家庭农场是农业经营的基本组织形式，在有些表述中等同于我国的农户概念，主要强调其家庭经营的一面。美国、德国、法国等西方发达国家均采取了有效的政策举措促进了家庭农场与农业生产的发展。这些国家的城市化已经完成，农业转移人口不再从土地中获得必要的社会保障，家庭农场均经历了规模扩大和农场数目下降的历程，其竞争力进一步增强。但是中国发展家庭农场的条件与西方相比，尚存在一定的差距。中国的城市化尚未完成，农村人口转移进城还表现出"亦城亦乡"的特征，在遭遇重大风险时，庞大的农民工群体尚需依托农业农村抵御风险，因此在借鉴国外家庭农场的相关研究成果时需要谨慎对待。但是，国外家庭农场研究所开创的研究领域、分析框架及研究方法仍然可以作为国内研究者从事相关研究的基础。

国内家庭农场相关研究从研究内容上看，注重概念探讨、功能分析、特征介绍及理想类型构建，这是由于家庭农场是一种新概念和新事物，辨析概念、分析类型是进一步研究的基础，但基于实践对家庭农场组织特征与合约问题的研究尚比较缺乏。从研究视角上看，目前集中于从制度经济学视角对家庭农场作为一种制度创新的形式展开规范性分析，政策视角等其他视角也多局限于经济分析，从多元视角分析的家庭农场研究尚不多见。从研究方法上看，目前主要为以描述为主的规范性分析，关于家庭农场的研究实证分析缺乏，尤其是建立在家庭农场微观分析基础上的组织行为研究以及制度比较研究更少。这说明，家庭农场的研究有必要在研究视角拓展深化的基础上，从规范性分析转向实证研究。

1.3　研究思路

1.3.1　重要概念界定

我国家庭农场作为新生事物，在理论认知和实践推进层面均缺乏统一的定义，概念不清不利于研究的开展。因此，有必要对家庭农场的概念做一个界定。

在世界上，家庭农场通常被理解为由一个家庭所有和（或）经营的农场，有时被认为是可以继承的遗产，它与集体农场经营、信托、非家族成员企业或其他制度化的形式相对。全世界至少有 5 亿个农场由家庭经营，使家庭农场在全球农业中具有主导地位。值得注意的是，家庭农场的概念或定义因跨语言或文化的不同而不同，因为各个国家之间的农业传统和历史之间存在巨大差异。例如，在美国，一个家庭农场规模可以是任何大小，而在巴西，家庭农场的官方定义仅限于主要由一个家庭内成员所经营的小农场。

　　与世界上对家庭农场的通用含义相比，家庭农场在中国则有其相对特殊的含义。我国农业农村部对家庭农场的定义是：家庭农场是指以家庭成员为主要劳动力，实行农业规模化、商品化和集约化经营，并以农业收入为主要收入来源的新型农业经营主体。① 农业部对家庭农场的定义更多是目标导向的，而家庭农场的组织特征和内涵依然难以把握。由于中国家庭农场实践中，家庭农场也并非以家庭成员为主要劳动力，家庭中部分劳动力非农就业的情况较多，不少家庭在农场经营中更体现为管理角色或营销角色，与传统的家庭经营内涵已经不一样了。因此，根据家庭农场的"实然状态"，在结合国际定义的基础上，本书提出以下家庭农场的定义：家庭农场是通过土地流转开展农业规模经营，家庭为经营活动提供资本、生产决策和企业家才能，从事农业商品化、集约化、规模化经营的新型农业经营主体。在上述定义中，家庭农场的劳动力来源是否以家庭成员为主已经不再是衡量是否为家庭农场的标准，主要原因是这一标准在家庭农场注册登记时很难辨别，也不符合登记注册家庭农场的主要特征。现行登记注册的家庭农场主要强调了其规模经营特性，并未就其他特性做详细规范甄别。此外，本书对家庭农场的定义也不再强调适度规模，因为"适度"的标准随历史阶段、地理环境、管理水平、市场结构等外在因素的不同而不同，在开展组织研究的分类判断中很难区分家庭农场规模是否适度。

　　对"实然状态"家庭农场的分析，有助于更客观地看到家庭农场发展的诸多意外后果，有助于政策界理性思考家庭农场的相关培育政策以及家庭农场相关制度设计。

---

　　① 国务院公报 2014 年第 17 号 . 农业部关于促进家庭农场发展的指导意见 ［EB/OL］. 中国政府网，www. gov. cn.

1.3.2 研究内容

本书基于家庭农场实践，从嵌入性视角切入，研究中国特色家庭农场的发展问题。一方面关注村社等社会网络与社会结构对家庭农场规模经营的影响，包括家庭农场在规模经营的过程中如何获取土地、劳动力等关键性资源要素，家庭农场在国家、市场与村社的多重网络结构嵌入下如何决定其经营规模，家庭农场如何维系合约稳定、开展合约治理等问题；另一方面分析家庭农场发展对本土农户与社区的影响，探讨家庭农场的脱嵌风险，关注家庭农场如何更好地实现嵌入式发展，走出一条经济社会效益俱佳的中国特色家庭农场发展路径。具体研究内容如下。

一是从小农经济的角度分析家庭农场发展的历史起点。从中国小农经济现状切入，分析家庭农场发展的历史起点。通过小农经济分化演变的现实状况，对学术界关于小农经济未来发展趋势的观点进行梳理，分析小农经济与家庭农场发展之间的关联，阐释在我国农业已进入农业经营结构调整时期后，家庭农场发展的目标与现实基础。该部分内容指出家庭农场与小农经济的长期并存将是我国农业规模经营转型的一个显著特征。

二是从整体上把握家庭农场的组织特征及其对农业经营方式变革的意义。作为一种新型农业经营主体，家庭农场在要素配置、农业组织化程度、技术采用与风险态度上与传统农户具有很大差异。根据对家庭农场的问卷调查和描述性统计分析，对家庭农场的组织特征进行总结，并在此基础上分析家庭农场在促进农业经营方式变革上的重要意义。该部分内容指出，家庭农场促进了农业经营方式的现代化转型，适应了农村生产力发展的现实，同时也重塑了农村生产关系。

三是分析作为要素合约综合体的家庭农场资源获取的关键机制。家庭农场是通过土地流转合约与劳动力雇佣合约建立的新型经济组织，土地资源获取与劳动力资源获取是家庭农场发展的关键。实践中，家庭农场土地资源获取可以依靠市场机制，也可以借助社区机制；而劳动力资源配置也存在多种模式，如代管模式、企业模式、联合经营、分包模式、家庭模式等。在类型总结的基础上，本书进一步提炼了嵌入村社这一影响家庭农场资源获取的关键机制。嵌入村社的状况反映了农场主在本地社区的社会资本状况，最终影响土地资源获取的机制及其价格，并且连带影响其在劳动力资源配置上的相关行为。

四是从家庭农场在国家、市场与村社的多重网络结构中的位置切入分析其规模选择的问题。规模问题是家庭农场发展的核心问题，决定家庭农场规模大小的因素绝不仅仅限于启动资金，更与家庭农场在国家、市场、村社等结构性网络中的位置及资源相关。具体而言，家庭农场对国家政策的熟悉度、与政府部门的关系，家庭农场的市场经验以及市场渠道，家庭农场的村社本土社会资本等综合因素决定了家庭农场在规模经营中能够选择的经营规模。该部分的内容说明社会网络资源将显著改善家庭农场启动资金匮乏的局面，家庭农场的嵌入式发展将对资本要素稀缺的中国农村走规模经营道路产生积极影响。

五是将嵌入性与交易成本理论勾连起来，综合分析家庭农场规模经营中的合约治理及合约稳定性问题。家庭农场是土地、劳动力等要素合约的综合体，家庭农场规模经营中如何维系合约稳定直接关系到其可持续发展。以农地租约为核心的规模经营是否可持续涉及家庭农场与农户、村庄及政府的互动，家庭农场通过政治嵌入、社会嵌入和文化嵌入的机制实现对合约关系的有效维护和治理。雇佣合约作为家庭农场关键合约，其治理结构受交易特征影响，而社会嵌入与文化嵌入正是相关交易特征能够降低交易成本的内在逻辑和机制所在。因此，家庭农场嵌入式发展可以有效化解规模经营过程中信息不对称带来的道德风险等状况，为农场经营提供有效激励和监督，是其提升合约稳定性的重要策略。

六是分析家庭农场发展带来的社会影响，尤其是家庭农场发展下的农户福利与社区福利状况。通过分析家庭农场与农户的资源占有格局，研究家庭农场对农户和社区福利的影响。对农户福利的影响研究，主要通过山东省宁津县、湖北省公安县、湖北省襄阳市所辖三个村庄的农户家庭生计问卷数据，利用模糊数学评估法对家庭农场发展背景下的农户福利进行分析。对社区福利的影响主要是通过比较拥有不同农业经营结构的两个村庄（大农场主导的村庄和农户主导的村庄）在经营逻辑与生产关系、灌溉系统运作、社区自治与民主参与等方面的不同，总结家庭农场影响社区福利的主要方面。本部分内容指出家庭农场发展中存在的脱嵌风险及其超越路径，从反面论证了家庭农场嵌入式发展的重要性。

1.4 研究方法

1.4.1 定性研究与定量研究相结合

研究方法的选择与问题意识有关。诚然，经济学研究已经在数学工具和计量方法的基础上发展出了日益精深的模型，这些模型对分析理论与经验事实非常有益。但是，社会科学（包括经济学）更多应该是富有哲学理念和思想性的科学（张红宇，2001）。作为农村社会新兴的一种重要生产组织方式，家庭农场的实践也不仅仅具有经济学的意义，直接从理论模型出发的研究将无法真正理解家庭农场对于农村经济社会发展的意义。现有的研究多以应然性的规范研究为主，实然研究比较匮乏。研究家庭农场的实践状态并对其发生发展的机制进行分析是进一步研究的基础。通过对家庭农场的调查分析，总结家庭农场的组织特征和运行机制，是家庭农场研究的重要内容。本书采用定性研究为主、定量研究为辅的研究方式，有助于在厘清家庭农场发展特征和机制的基础上全面把握小农经济向现代农业转型过程中的社会经济意义。

1. 定性研究

定性研究的主要目的是将大量的、特定的细节组织成一幅清楚的图画、一种概括的模式或一组相互连接的概念，以形成用来理解和解释具体现象的理论（风笑天，2001）。从本质上而言，定性研究是一种归纳逻辑。以村庄为调查对象的定性研究有助于理解家庭农场的生成和发生机制。家庭农场的生成是资本、土地和劳动力重新组合的结果。在我国，土地由农村社区集体所有，由农户家庭承包经营，在这样一种所有制下如何发育新的规模经营组织，不能不关注农村社区这一基本社会结构。农村经济发展以及社会结构变革所带来的农村社会结构分化已经成为推动组织发育的主要因素之一（黄季焜等，2008）。家庭农场作为农村新兴生产经营组织，其发生机制与农村社会结构分化紧密相关。而家庭农场规模经营的兴起也会对农村社会结构分化产生新的影响。因此，对家庭农场发生发展机制及其影响的研究不能仅仅从家庭农场组织本身的问卷调查中获取，而要关注家庭农场所赖以生存的外部环境——村庄，由此对村庄的蹲点调查及在此基础上的归纳总结变得尤为重要。定性研究也是家庭农场研究初期阶段，从实践出发而不是从理论出发，是理解和解释中国特色家庭农场发展路径的必经之路。

2. 定量研究

定量研究的优势是能够通过标准化的问卷数据将结论建立在更加规范、科学和精确的基础上。由于定量研究强调代表性，因此定量研究有利于考察家庭农场的普遍特征。以家庭农场为调查对象的问卷调查分析有助于客观地理解家庭农场的组织特征。问卷调查的优势是能够将不同问题数据化并进行统计分析。统计分析的结果能客观地反映调查对象的基本特征，进而在此基础上展开组织共性和差异性比较。此外，运用定量研究的方法分析家庭农场规模选择、合约稳定性及对农户福利的影响，可以避免个别案例特殊性带来的偏差，得出更加全面、综合、科学的结果，使研究结论更有说服力。

1.4.2　资料搜集

本书依托于万江红教授主持的国家社科基金重点项目"嵌入性视角下家庭农场的发展问题研究"（项目编号：15ASH006）展开，所用资料均来自笔者及课题组其他成员进行的实地调查，包括村庄田野调查资料、家庭农场问卷调查资料、农户问卷调查资料、家庭农场主访谈资料。下面分别对这些资料进行介绍。

1. 村庄田野调查资料

家庭农场作为一种新型的农业经营主体，其发展历史很短，现阶段关于家庭农场实然状态的实证研究比较匮乏。根据这一研究现状，本书在开展家庭农场研究时，明确了先从田野调查入手进行探索性研究的计划。因此，笔者及课题组其他成员多次展开村庄蹲点调查，搜集了大量家庭农场发展与村庄变迁的第一手资料。通过这种方式搜集的资料还有助于了解家庭农场与农户及村庄的互动过程，这为研究家庭农场合约关系治理提供了丰富的素材。长期的蹲点田野调查工作有助于理解家庭农场发展背后的社会政治意涵，而不仅仅局限于家庭农场组织本身，从而形成关于家庭农场发展的基本判断。这对全面理解家庭农场的发展路径及其影响至关重要。家庭农场田野调查的详细情况如表1－1所示。

表1－1　　　　　　　　　　家庭农场田野调查的详细情况

调查时间	调查地点	村庄	农场案例数
2013 年 7 月	安徽省	繁昌县平村、庐江县吴村	9
2014 年 7 月	湖北省	随州市河村、公安县军村、襄阳市明村	10
2015 年 8 月	山东省	宁津县张村、宁津县红村	5

2. 家庭农场问卷调查资料

在田野调查工作的基础上，设计了关于家庭农场组织特征的调查问卷。问卷调查资料有助于客观地了解家庭农场的组织特征以及家庭农场的外部制度环境特征。问卷资料的搜集从 2015 年 5 月开始到 2015 年 8 月结束，共调查了湖北省十堰市、湖北省鄂州市以及山东省宁津县三个地区。家庭农场作为一种新型农业经营主体，受到政府部门高度重视。为扶持新型农业经营主体发展，湖北省各地政府每年农闲时节均会依托涉农高校举办新型农业经营主体的培训班。利用这一平台，课题组成员对家庭农场这一新型农业经营主体展开问卷调查，共收集家庭农场问卷 75 份。此外，为了完善样本的代表性，课题组特意选择了位于北方旱作农业区的宁津县开展家庭农场专题调研。对县域内的所有登记备案的家庭农场（共 72 家）进行问卷调查，涉及下辖各个乡镇。但有些家庭农场经营不善、农场主外出务工，导致家庭农场的实际数量十分有限，调查实际搜集到问卷 36 份。最后，课题组共收集家庭农场调查问卷 115 份，剔除 4 份填答不全的问卷，获得的有效问卷为 111 份。家庭农场问卷调查样本构成的详细情况如表1－2 所示。

表 1 - 2　　　　　　　　　　　家庭农场问卷调查样本构成

样本分布	样本数	调研时间
十堰市	35	2015 年 6 月
鄂州市	40	2015 年 7 月
宁津县	36	2015 年 8 月

3. 家庭农场访谈资料

笔者及课题组其他成员在对家庭农场进行问卷调查时，也对部分家庭农场主进行了访谈。访谈内容主要涉及家庭农场创办经历、发展规划、存在的困境等方面。由此，获得 36 家典型家庭农场案例资料。笔者及课题组其他成员还曾跟随湖北省农业厅的相关领导对省内典型家庭农场进行了调查，在此基础上获得了 10 家典型家庭农场的案例材料。关于家庭农场案例的质性资料对于理解家庭农场的生成逻辑很重要。因为质性资料更加详细生动，能够了解家庭农场经营者在创建家庭农场中的心路历程。质性资料能够展现家庭农场类型的多样化，在家庭农场发展的初期阶段，质性资料更有助于把握家庭农场的实践特征。

4. 农户问卷调查资料

在田野调查的基础上，设计了关于农户的调查问卷。农户问卷调查主要内容是农户的生产生活状况（农户福利），其问卷发放点在家庭农场所在的村庄，根据偶遇原则选取调查对象。农户问卷调查充分考虑了家庭农场土地资源获取机制的不同，因此农户样本的分布与所调查村庄的大小及家庭农场的数量有关。农户问卷调查样本分布情况如表 1 - 3 所示。

表 1 - 3　　　　　　　　　　　农户问卷调查样本分布情况

调查地点	山东省宁津县张村	湖北省公安县军村	湖北省襄阳市明村
家庭农场数目	5	2	2
农户样本	102	60	36

1.5　可能的创新

本书在研究视角和研究方法上存在一定的创新，具体体现如下。

1. 研究视角的创新

本书从嵌入性视角出发，关注家庭农场这一新型农业经济组织发展问题，探讨了家庭农场的组织行为和运行机制，指出家庭农场呈现"嵌入式发展"的特征，表现在家庭农场在获取土地、劳动力资源方面受村社嵌入性的影响；家庭农场的规模不仅受制于启动资金，而且与其在国家、市场与村社等多重网络结构中的位置资源有关；家庭农场的合约治理及合约稳定性与交易成本密切相关，嵌入性构成交易特征影响交易成本的内在逻辑和机制。嵌入式发展是中国家庭农场发展初期从事规模经营的典型道路。嵌入式发展既强调家庭农场发生发展离不开嵌入性所带来的社会网络资源，也强调家庭农场的发展应当与小农户及村庄社区和谐共生。家庭农场对农户福利及社区福利的影响分析有助于探讨家庭农场的脱嵌风险，更好地探索家庭农场培育目标及实现家庭农场"嵌入式发展"的有效路径。这一视角下的分析不仅拓展了家庭农场的研究面向，更重要的是立足于中国发展家庭农场的特殊国情——美国有农场无农村，而中国漫长的文明发展都浸染于农业社会及其具象化村落社区。因此本书的研究视角具有一定的创新性。

2. 研究方法的创新

本书采用定性研究与定量研究相结合的方法。本书以定性研究进行深入的案例分析和归纳总结，挖掘中国本土家庭农场发生发展的行为特征和运行机制，提炼相关概念，明确研究视角。定量研究有助于在定性研究的基础上得出更具普遍意义的研究结论，本书基于问卷数据对家庭农场组织特征的整体素描以及关于家庭农场合约选择的定量检验均有助于更加科学客观地分析相关问题。定性研究和定量研究的结合避免了单纯定量研究注重广度而忽视深度的问题，也避免了单纯定性研究注重深度而忽视广度的问题。目前学术界关于家庭农场的研究主要采用定量研究或者定性研究的单一研究方法，尚缺乏将二者进行有机结合的研究。因此，本书在研究方法上具有一定的创新性。

第 2 章　中国小农经济演化与家庭农场发展的历史起点

2.1　在农户分化的基础上重新认识小农经济

2.1.1　农民与小农经济

什么是农民？这个问题看似简单，但是关于农民的概念仍然是模糊的，至今也未形成统一的明确"农民"概念。对这个问题，不同学科有不同的回答。

（1）政治学视野中的农民。安全生存问题是农民政治活动的中心。政治学视野中，农民是整个社会中为数最多的社会阶级，但是农民很少组织起来从事大规模的政治行动，农民更多的是采取偷懒、装糊涂、开小差、假装顺从、偷盗、装疯卖傻、诽谤、纵火、暗中破坏等方式，这些被詹姆斯·C. 斯科特称为"弱者的日常武器"。①

（2）人类学视野中的农民。人类学视野侧重从社会文化的角度界定农民。农民是社会中的一部分，自身有着不同于其他社会团体的文化，因此农民是有着局部文化的局部社会（Kroeber，1948）。当然，农民常受制于社会其他阶层，因此，农民是社会中的弱势群体，对习俗和道德的强调也是农民社会的一种期待。在共同体内分担风险的经验提供了培育农民的习

---

① ［美］詹姆斯·C. 斯科特. 弱者的武器 ［M］. 郑广怀，等译. 南京：译林出版社，2011：1.

俗和道德标准的温床，农民正是用这种习俗和道德标准判断自己和别人的行为。① 这些标准强调的重点是农民的道德良心不同于其他社会阶级。美国人类学家罗伯特·雷德菲尔德（Redfield Robert）提出了"大小传统"的二元分析框架，用来说明在复杂社会中存在的两个不同文化层次的传统。其中小传统指农民社会文化传统，因而农民是有特殊文化传统的一类群体。

（3）社会学视野中的农民。社会学从农民社会出发理解农民，因此对农民社会做了大量的研究。在同一社区内的农民并不是同样的、同一的、具有同等地位和前景的。农民之间的社会地位差异具有动态和非永恒的特征，因此，农民社会内部的社会结构是不断变化的（Mintz，1974）。爱弥儿·涂尔干（Emile Durkheim）基于社会分工和各部分之间的相互作用将社会结构分成有机团结和机械团结，有机团结是现代社会的结构类型，机械团结是封闭的、同质的、紧密结合的结构类型，是农民社会的典型特征。沙宁（Shanin T）认为农民的存在是一种特殊的、世界范围的社会结构类型，其对农民的定义是：使用简单工具和自家的劳动力，主要是直接地或间接地为了自己的消费，也为了完成对于政治上和经济上的权力阶层的义务，而进行劳动的小规模农业生产者。因此，他指出了农民的四个关键特征：第一，在多元的社会组织中，农民的家庭农场是最基本的单位；第二，生活的主要手段是耕种土地，这一方式直接提供了消费需求的主要部分；第三，具有与小社区生活方式相联系的独特的传统文化，农民常用过去的经验和社区的意愿来评判个人的行为；第四，处于劣势地位，受外界的支配。

（4）经济学视野中的农民。在综合各种农民的经济定义的基础上，弗兰克·艾利思（Frank Ellis）对农民的定义是：农民是主要从农业中获得生活资料、在农业生产中主要利用家庭劳动的农户，农民部分地参与常常是不完全或不全面的投入产出市场。这一经济学定义充分说明了农民与商业化家庭农场的区别。美国农业经济学家舒尔茨（1999）认为以农民为主体的传统农业，只能从经济角度分析，而不能根据文化特征、制度结构或生产要素的技术特征来严格表述传统农业这一经济概念。小农的经济行

---

① ［美］詹姆斯·C. 斯科特. 弱者的武器［M］. 郑广怀，等译. 南京：译林出版社，2011：33－102.

为，绝非西方社会一般人心目中的那样懒惰、愚昧和没有理性。事实上，他是一个在"传统农业"（在投入现代的机械动力和化肥以前）的范畴内，有进取精神并能对资源做最适度运用的人。在舒尔茨看来，传统农业应该被作为一种特殊类型的经济均衡状态。这种均衡状态的特点在于：第一，技术状况长期内大致保持不变（即所使用的生产要素与技术长期未发生变动）；第二，如果把生产要素作为收入的来源，那么，获得与持有这种生产要素的动机也是长期不变的，即人们没有增加传统使用的生产要素的动力；第三，传统生产要素的供给和需求也处于长期均衡的状态。

综上所述，农民在政治、经济、文化、社会等方面呈现一系列独有的特征。在政治上，农民通常被视为保守的群体；在经济上，农民主要根据家庭消费和风险等因素决定自己的经营行为；在文化上，农民因常年居住在社区内、与外界沟通较少而具有独特的小传统；在社会层面，农民是生活在机械团结这一社会结构中的群体，社会分工不突出。

那么，与农民相对应的小农经济又被赋予了什么样的特征呢？关于小农经济的理论，至今学术界依然还存在形式主义与实体主义的争论。形式主义的典型代表是美国学者舒尔茨，他认为小农经济是现代资本主义经济的一个子系统，小农也是理性行动者，服从于利益最大化的行为准则。在形式主义分析范式下，小农经济侧重从小农农业经济展开研究。实体主义的典型代表是俄国学者恰亚诺夫，他认为资本主义的利润计算方法并不适用于小农的家庭式农场，小农家庭式农场生产的主要目的是满足家庭的消费需求，而不是追求最大利润。在实体主义分析范式下，小农经济主要指小农家庭经济。

（1）小农农业经济。小农农业经济是以个体农户为主要经营体制的农业经济。我国著名农业经济学学者张德粹（1956）认为，小农经营制亦简称小农制，就是指一个国家或某一社会内的大多数农业经营单位是很小的。舒尔茨将小农视为农业经济中的生产主体，他们同样具有理性经济人的特征，小农为生产主体的传统农业可能是贫乏的，但并非缺乏效率。改造传统农业的正确途径是在保留家庭式农场的生产组织结构的基础上，向农民投资，把人力资本作为农业经济增长的主要源泉，让农民学会有效地使用现代农业要素。

（2）小农家庭经济。恰亚诺夫强调小农为自家生计而生产的一面，反对将小农当作资本主义企业家进行分析。恰亚诺夫认为小农生产是家庭式的，其目的并非追求最大利润，而是满足家庭成员的消费需要。恰亚诺夫在《农民经济组织》中系统探讨了农民经济行为与农场运行机制问题，认为农民经济是以家庭为单位的，家庭结构是影响农场行为的关键因素。"资本主义农场的规模在理论上无所限制，然而农民劳动农场的规模却自然地取决于家庭消费需求和家庭劳动力之间的关系"。① 家庭人口变化会影响家庭经济行为，因为家庭人口增加，消费增加，相应地，家庭劳动投入量也会增加。家庭经济以劳动的供给与消费的满足为决定因素，当劳动投入增加到主观感受的"劳动辛苦程度"与所增产品的消费满足感达到均衡时，农场的经济活动量便得以规定。因此小农家庭经营会努力选择实现"劳动－消费"的均衡。在恰亚诺夫看来，小农经济实现发展的合适路径在于走产前产后服务社会化与乡村工业化之路。

伴随着中国农村市场化改革，中国现阶段的小农经济既体现了形式主义所倡导的理性追求利润最大化的一面，也体现了实体主义所分析的生计维持性特征。综合来看，小农经济具有以下三个方面的特征：第一，总体上经营规模依旧小且分散；第二，农业发展型小农家庭体现出理性小农增加土地面积或经营种类、追求利润最大化的特征；第三，农业维持生计型家庭生产经营决策与家庭成员及其消费水平高度相关。现阶段的小农经济实际上异质性程度高，这与工业化、城市化背景下中国农村家庭的生计多元化分不开。值得注意的是，诸多关于小农经济的研究多存在于东亚社会，并且显示出小农经济与村社制传统的高度相关性。亨利·伯恩斯坦（Henry Bernstein）曾经指出，农耕在大部分历史时期，直至近代，都是极为本土化的活动和生活方式。这样一种本土化特征主要体现在农业生产要素来自日常的生活及居住的社区，如化肥主要采用动物粪便等绿肥，重要生产时节的稀缺劳动力主要依靠村社内部的互助体系解决。由此，小农经济呈现出典型的村社嵌入性特征，当传统小农经济开启现代化转型时，村社嵌入性特征也构成了农业适度规模经营发展的结构性背景。

---

① ［俄］恰亚诺夫. 农民经济组织［M］. 萧正红，译. 北京：中央编译出版社，1996：58.

2.1.2　中国现代化转型与农户分化

新中国成立后，党和政府引导农民走上互助合作的道路，建立了农村土地集体所有制度，逐步形成了"三级所有、队为基础"的人民公社体制。改革开放后，人民公社体制虽然解体，但农村土地集体所有制度作为农村的根本制度被宪法确认并保留下来。我国农村基本经营制度由"一大二公"的人民公社体制转变为以家庭承包责任制为主的统分结合的双层经营体制。这一经营体制确立和巩固了农户自主经营的市场主体地位（赵竹村，2008）。农民在农业生产和经营决策上的自由度大大提高，生产积极性也被调动起来，农村剩余劳动力也开始涌现。与此同时，在国家改革开放的政策鼓舞下，沿海工业经济迅速发展起来，尤其是劳动密集型的加工企业催生了对劳动力的大量需求。在农村剩余劳动力的推力和沿海劳动力需求的拉力作用下，内地剩余劳动力纷纷离土就业，原先的人口极少流动的城乡二元体制被冲破，逐步形成了全国统一的劳动力市场。在农户可以自主安排农业生产的劳动时间和劳动方式的情况下，农户家庭中的青壮年劳动力大量外出务工，纷纷选择进城就业，留在农村的务农人员逐步呈现老龄化和妇女化的特征。由于要素市场的发展，留村务农人员在生产能力、经营意识等方面的人力资本差异以及信息、社会网络等方面的社会资本差异也逐渐凸显出来（李宪宝、高强，2013），并将进一步影响农户的就业选择。改革开放以来，农民工的人数持续增长，现如今农户的收入来源、就业方式都有了很大不同。随着农民工人数的增长，农户工资性收入占家庭收入的比重逐年上升，在 2013 年首次超过农业收入。农村劳动力非农化转移对中国经济增长起到重要的作用，其年均贡献约为经济增长的1.37%（高帆、张文景，2013）。

正是因为中国处于现代化转型进程中，"农民"一词已经无法再与农业经营者相提并论。农民可能仅仅指拥有农村户籍的人，他们不一定从事农业生产劳动。农民的职业身份可以多样化，如建筑工人、工厂劳动者、个体工商户等。大量的农民在城乡之间流动，农民家庭生计结构发生显著的变化。大部分农民家庭内部既有人在城市务工，也有人在农村务农。当然，越来越多的农民家庭尤其是子代家庭必然会通过家庭积累实现向城市的转移。总体而言，打工经济兴起后，农户的分化一直在加速推进。基于中国现代化进程，学者从不同角度对农户分化这一问题进行了考察。

1. 劳动力机会成本角度的农户分化

孙文华（2008）以劳动力机会成本为理论切入点，对农户分化进行考察。不同农户从事农业生产的机会成本存在差异，因而农户家庭内劳动力与农地组合形式呈现多样化特征。随着劳动力流动，传统意义上的农户群体不断分化。他将农户分成以下四种类型：一是自耕农，即所有承包地块均以使用自家劳动力生产为主，农户拥有劳动剩余索取权；二是部分自耕农，即承包地块只有部分为自耕的自耕农；三是代耕农，即所有承包地块上，至少有一块为代耕；四是弃耕农，即完全不从事农业生产的农户。通过实证研究发现，传统的农户在分化过程中，并没有出现大量的农业生产大户，其原因是土地的细碎化导致地块集中进程的缓慢，种田能手普遍存在非农产业，一旦机会许可，种田大户放弃农业生产的可能性较大，容易造成农业生产领域的人才流失。

2. 经营特征角度的农户分化

农业经营的主体一直以来都是农户，在农村市场化及城镇化的进程中，同质性的农户发生分化。从资金来源和经济特征的角度，传统同质性的农户已经分化为传统农户、非农农户、专业种植与养殖户、经营与服务型农户、半工半农型农户。传统农户经营规模小，存在劳动力过剩，非农劳动局限于传统的副业领域，收入水平低。非农农户是指不再从事农业生产的农户。专业种植与养殖户是从事专业化生产的，具有一定经营规模的农户。经营与服务性农户是从事与农业相关的服务性行业（传统副业）的农户。半工半农型农户是指长期依靠务工收入和务农收入两种收入形式并且务工收入为家庭主要收入来源的农户。其中，半工半农型农户将沿着城市化和以农村为主两条路径演化（陈春生，2007）。

3. 家庭收入结构角度的农户分化

改革开放后的农户从同质性的纯农户分化成纯农户、兼业户和非农业户三种类型。在家庭收入中，农业收入占80%以上的农户一般称为"纯农户"。兼业户指既从事农业生产又从事非农生产的农户。其中，以农业收入为主的兼业户简称农业兼业户或者"Ⅰ兼业户"；以非农业收入为主的简称非农兼业户或者"Ⅱ兼业户"；而非农户则是指家庭收入来源中农业收入占比低于20%的农户。农户分化随时间变化的一个基本规律是：纯农户的比重下降，而非农户的比重上升，兼业农户将长期内保持相对稳定的比重，如图2-1所示。

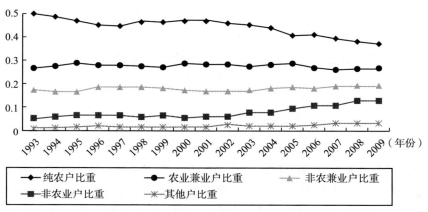

图 2 - 1　1993 ~ 2009 年全国农户分化情况

资料来源：李宪宝，高强. 行为逻辑、分化结果与发展前景——对 1978 年以来我国农户分化行为的考察［J］. 农业经济问题，2013（2）：56 - 65.

综合以上分类标准，可以发现农户分化与规模经营的内生演化逻辑之间的关系。第一种分类方式并没有将农村既耕种自家承包地又流转他人土地，从事一定规模经营的农户包含在内，而且四种农户类型与农业规模经营之间不存在关联，即从其分类中难以看出农业规模经营的内生演化逻辑。在第二种分类方式下，最有可能发展规模经营的是专业种植与养殖户、经营与服务性农户或部分半工半农户。由于专业种植与养殖户、经营与服务性农户一直在农村就业，因此未来农业经营的主体结构主要看半工半农型农户的演化。具有一定资本积累的半工半农性农户既有可能在城市买房和就业，实现城镇化，也有可能返乡创业，开办家庭农场，从事农业规模经营。在第三分类方式下，各类型农户均有可能发展家庭农场等规模经营形式，主要看各自的资本积累情况和人生发展规划。

2.1.3　农户分化的前景：关于小农经济命运的不同观点

根据上述各种关于农民分化的研究，农业经营中的一个主要现象是

"兼业滞留化"，如半工半农户或兼业户等。日本在 1961 年颁布的《农业基本法》中，确立了以追求自立经营农户为主的农业结构。但是兼业农户的长期存在从一定程度上阻碍了日本规模经营和农业的发展。兼业滞留是日本自立经营农户形成和发展以及农业结构改革的最大障碍（速水佑次郎、神门善久，2003）。基于农户分化的现实和农业经营出现的新变化，对于小农是否作为未来农业生产经营主体的问题，目前国内存在两种截然不同的观点：一种是承认兼业滞留合理性并赞成小农经营制；另一种则是鼓励改变现状，发展规模经营的新型经营体制。

1. 坚持小农经营制

基于日本、韩国等地小农经济现代化的成功，不少学者认为小农国家农业现代化之路在于外部规模经济和配套服务（丁长发，2010）。未来的农业组织形式并不是农场的横向合并，而是以小农农场为主的公司加农户或各种农业合作社（俞可平等，2006）。黄宗智（2006）从历史层面考察认为家庭经营一直以来是中国农业经营的基本单位，家庭经营的顽强性表明中国农业的基本经营单位不会走向依靠个体化雇工的大规模经营。黄宗智和彭玉生（2007）也从现实层面关注人口因素、食物结构转变、生计模式改变等因素综合影响下的农业转型，认为小规模家庭农业在去过密化的过程中，逐渐向商品化、社会化生产过渡，认为去过密化的小规模家庭农场将成为中国未来农业的经营主体。贺雪峰（2016）则坚持"小农立场"，他认为小农是占中国人口大多数的从事农业生产的人，在城乡二元体制下，他们维持着小规模的农业生产，通过家庭内部的代际分工或者夫妻分工的方式，获取务工收入与务农基本保障，从而实现家庭福利最大化。若一个家庭农场按 100 亩①来计算，全国 2 亿亩耕地，只能容纳 2 000 万个家庭农场，而目前中国大约有 2.3 亿农户，因此基于中国人多地少的国情，完善中国特有的小农经济才是农业现代化的出路。

2. 改变小农经营制

有学者认为，小农经济的衰亡是不可避免的，大农场排挤小农场是被当代西方资本主义国家农业发展的历史所证明的，因此小农经济富有生命

---

① 1 亩≈666.67 平方米，遵循农业中的使用惯例，此处保留以亩为单位的表述。

力的理论是站不住脚的（张新光，2008）。虽然规模经营论者都认为当经济发展到一定阶段，小农经济的衰落不可避免，但是在规模经营的组织形式上，有的学者认为应该坚持在家庭经营这一形式上发展家庭农场，而有的则认为工业化模式的公司农场是发展方向。速水佑次郎和神门善久（Hayami Yujiro and Godo Yoshihisa）认为，发展中国家和世界农业市场的最大份额是由家庭小农场承担的，小规模农户经营转向适度规模的自立经营是农业结构调整的方向。徐勇（2006）也认为中国农业经济的基本单位是农户家庭，但是小农已经越来越深地进入或卷入一个开放的、流动的、分工的社会化体系中，小农经济将不再封闭，而是越来越深地参与社会分工过程。小农必将经历一个以就业圈为行动边界，追求货币收入最大化的小农社会化过程（邓大才，2009）。随着社会形势的变化，小农生产在应对市场化和全球化的挑战方面存在诸多缺陷，在不存在大规模经营的条件基础上，"中农化"即"小承包大经营"是一个值得探索的路径（邓大才，2011）。

前述两者争论的关键在于对国情和时局的判断上。坚持小农经营制的学者认为在现在劳动力转移和城镇化前景并不明朗的情况下，保留小农经济就是保留大部分农民工的返乡权利和生存尊严，因此未来的农业经营体制应该是在小农家庭经济基础上的创新，如合作社、专业大户等。坚持应当改变小农经营制的学者认为城镇化和农村劳动力的转移是大方向，应提早思考未来农业的经营主体问题，及早调整农业经营结构，增强农业竞争力。

无论是赞成保护小农经济体制还是改变小农经营体制从而推进规模经营，都是将小农经济和规模经营对立的。实际上，小农经济的保存和规模经营的发展是可以同时并存的。正如速水佑次郎和神门善久所言，将大部分土地集中到大规模专业农户，使副业农户实际上脱离农业而只保留小面积家庭菜园的做法既不是什么"抛弃贫农"，也不会因此带来农村人口的减少；离农后居住在农村、收入主要靠兼业的副业农户与大规模专业农户一样，既是建设富裕新农村的成员，又作为少量土地资产的管理者努力保护农村的自然环境。小农经济和规模经营的同时并存是东亚社会农业转型的典型特征，这一特征与东亚社会发展历程分不开。包括中国在内的东亚社会在思考农业适度规模经营和农业经营体制变革问题时应立足于国情和历史传统，而不能一味照搬欧美等国家的经验。美国是个移民国家，建国后为鼓励开发建设，颁布了极具特色的土地法令，一方面注重保护私有产权，鼓励地方自治；另一方面又规定土地购买的最低限额，如1785年美国土地法令规定，任何人购买土地均需以640英亩为最小单位，1804年将最低限额降低为160英亩。因循这一历史路径，美国农业发展之初就奠定了规模经营的基础，呈现"有农场而无村庄"的特征。然而，我国农业生产则以大量生活在村社之中的小农户为主体。改革开放开启了农村市场化和农业现代化之路，但是并未改变以村庄为基础的地权格局和以小农户为主的农业生产经营体系。正如陈锡文（2012）指出的，传统国家与新大陆国家的农业和农村主要区别在于农村的社会形态，即有无村庄的存在。中国小农经济发展的未来图景不可能是美国式农业现代化，而只能是在村社结构下小农经营与规模经营长期并存的图景。

因此，本书认为小农经营与规模经营在以后很长一段时间内各自都将得到发展，我国农业将进入规模经营与小农经营长期并存的阶段，这是家庭农场发展的重要历史起点。

2.2 农业适度规模经营的发展历程与中国语境下的家庭农场

家庭农场在中国政策话语中出现并成为学术关注的重点宜放在农业适度规模经营的发展历程中去理解。发展农业适度规模经营是农业现代化的一种重要路径，它有助于实现农业的商品化、集约化发展，并且有助于农业产前产中产后全产业链的融合，促进农业社会分工和农村市场经济发展。邓小平曾经指出，中国社会主义农业的改革和发展，从长远的观点看，要有两个飞跃。第一个飞跃，是废除人民公社，实行家庭联产承包为主的责任制。这是一个很大的前进，要长期坚持不变。第二个飞跃，是适应科学种田和生产社会化的需要，发展适度规模经营，发展集体经济。这又是一个很大的前进，当然这是很长的过程。① 改革开放以来，我国农村

---

① 邓小平文选（第三卷）［M］. 北京：人民出版社，1993：355.

逐步形成了以家庭承包经营为基础，统分结合的双层经营体制。实践证明，这一体制是与社会主义市场经济体制相适应、符合我国农业生产特点的农村基本经营制度（陈锡文等，2009）。在稳定家庭承包经营的同时，为优化土地资源配置、提高土地生产效率，促进农业适度规模经营、培育多种经营主体、开展多种形式经营、完善农村基本经营制度一直是农村改革的方向。

改革开放后农业农村市场化发展不断激发农村生产要素新的潜能，推动农业生产经营组织形式创新。而农业生产经营组织创新是推进现代农业建设的核心和基础。农业多元经营主体正是在农业适度规模经营的现代化实践中农业生产经营组织形式不断创新的结果。从历史发展进程看，农业适度规模经营的实践探索可以分为三个阶段，也大致对应三种模式：一是地方政府主导的"两田制"模式；二是产业化经营模式（纵向一体化）；三是土地流转基础上的适度规模经营模式（横向一体化）。

2.2.1　地方政府主导的"两田制"

20 世纪 80 年代中期，我国沿海地区由于第二、第三产业发达带来种田的比较效益低，大量农田抛荒引发制度变革，家庭承包制的"均田"模式被"两田制"取代，农田被划定为口粮田和责任田，口粮田按实际人口需要平均分配，责任田引入竞争机制，实行招标承包或租赁经营。一般情况下，口粮田只承担农业税，责任田除承担农业税外，还要以承包费形式承担村提留和乡统筹。租赁农田被集中起来使用以获取规模经济效益，承包或租赁责任田的农民成为最早的种田大户和种田能手。

这一自发探索下的规模经营组织形式很快被政策肯定并有组织地推广应用。根据农业部对全国 23 个省、自治区、直辖市的统计，截至 1997 年 4 月，实行"两田制"的土地面积为 4.66 亿亩，占 23 个省（区）农民承包土地总面积的 40.7%，其中口粮田和责任田面积分别为 1.54 亿亩和 3.12 亿亩。"两田制"模式的探索表明，土地集中有助于提高农业生产效率和农产品的商品化率，也有利于农业科技成果推广与应用，对乡村两级组织而言，更有利于壮大集体经济。但是，在"两田制"的推广实践中，问题和矛盾也逐渐凸显出来。由于"两田制"改变农户承包经营格局，触动农户利益，中央要求各地在探索规模经营的过程中必须完全尊重农民的意愿，但是仍然有一些地方违背这一规定要求，通过组织舆论工具，甚至动用行政手段，强制推行两田制，造成了极为严重的后果（俞可平，1997）。实际上，"两田制"这一规模经营形式的实施必须因地制宜，只有在条件许可的地方，这一制度变革才会形成多方共赢的局面。"两田制"作为规模经营形式建立在劳动力离农就业的基础之上，在不少刚刚跨过温饱线的农村地区，农民更期盼稳定土地承包权利、提高农业经营便利性以及降低农业生产税费等。但因"两田制"可以增加乡村两级集体收入，一些地方仍然大量划定责任田，因而引发农民不满乃至上访，不利于社会稳定大局。

1997 年，中共中央、国务院在下发的《关于进一步稳定和完善农村土地承包关系的通知》文件中，明确指出不提倡实行"两田制"，要求对"两田制"开展集中整顿，在没有实行"两田制"的地方不要再搞了，已经实行的则需按照中央的承包政策认真进行调整。少数经济发达地区的农民自愿将部分"责任田"交给集体实行适度规模经营的，按照土地使用权正常流转的办法，明确农户对集体土地的承包权利不变，允许这一适度规模经营形式的存在。由此，我国适度规模经营基本上朝着稳定农户家庭承包经营权演化发展。

2.2.2　产业化经营模式

在我国人多地少的背景下，土地的规模经营受制于劳动力向第二、第三产业大量转移等制约因素影响，因而 20 世纪八九十年代强制推动的"两田制"等土地规模经营形式不符合我国发展的阶段性特征。而 20 世纪 80 年代中期后，沿海发达地区和大城市郊区出现的"贸工农一体化""产加销一条龙"的新的经营方式则以产业化的方式实现了农业的规模经营。这一产业化经营方式不改变农户承包经营权，通过农业生产的专业化、社会化来获取规模效益。《农民日报》在 1995 年 3 月 22 日发表了《产业化是农村改革与发展的方向》一文，提出"产业化是农村改革自家庭联产承包责任制以来的又一次飞跃"。1997 年 9 月，党的十五大报告提出，积极发展农业产业化经营，形成生产、加工、销售有机结合和相互促进的机制，推进农业向商品化、专业化、现代化转变。因为政策推动，农业产业化经营在带动千家万户的农户进入市场，将农户分散经营纳入社会化大生产的轨道方面发挥起举足轻重的作用。龙头企业因此也成为发展现代农业、带动农民增收的重要力量。从 1996 年到 2000 年短短的 5 年时间内，产业化经营组织数量由 1996 年的 1.2 万家增长到 2000 年的 6.6 万家，联结农户数量由 1996 年的 1 995 万户增长到 2000 年的 5 955 万户，从农业产业化经营中，农户户均增收从 1996 年的 150 元增长到 2000 年的 900 元（农业部，2008）。进入 21 世纪后，龙头企业发展进一步加速，2013 年龙头企业数量增长为 12.34 万家，固定资产总额增加到 35 835.53 亿元。与此同时，龙头企业的平均规模也在不断增加。2004～2013 年，平均每个龙头企业的固定资产额由 1 280 万元增加到 2 904 万元，销售收入也由 2 869 万元增加到 6 369 万元，净利润则由 181 万元增加到 418 万元。[①]

在具体组织形式上，农业产业化经营形成了"公司 + 农户""公司 + 合作社 + 农户"等典型模式。一般将农业产业化经营中的公司称为"龙头企业"，重在强调公司对农户的带动作用。有学者研究指出，龙头企业之所以被称作龙头，是因为它们在发展农业产加销一体化经营系统中处于中枢地位，起着组织、引导、带动作用，应该得到加盟农户的认可，得到市场的认可。[②] 为了进一步稳定产业链，近年来龙头企业普遍重视基地建设，在"公司 + 农户"模式外，进一步创新龙头企业与农户的利益联结机制。一方面，龙头企业将合作社纳入发展框架中，构建起"公司 + 合作社 + 农户"模式，农民专业合作社作为沟通千家万户的小农户与千变万化的市场之间的桥梁，提升了农户的自组织能力，龙头企业通过孵化培育合作社，节省了与分散农户打交道的交易成本，提升了订单基地的稳定性。另一方面，龙头企业也通过自建基地的方式稳定农产品货源供给，保障农产品供给质量，尤其是大型龙头企业在订单农业无法满足农产品加工销售需求的情况下，往往选择发展自建基地。据农业部统计，截至 2012 年 12 月底，全国家庭承包经营耕地流转面积已达 2.7 亿亩，占家庭承包耕地（合同）

---

① 宋洪远，等. 中国新型农业经营主体发展研究［M］. 北京：中国金融出版社，2015：113 - 115.

② 宋洪远，等. 中国新型农业经营主体发展研究［M］. 北京：中国金融出版社，2015：103.

总面积的 21.5%。其中，流入工商企业的耕地面积为 2800 万亩，比 2009 年增加 115%，占流转总面积的 10.3%。①另一数据显示，2007～2013 年，龙头企业对原料基地的投入由 640.9 亿元增加到 3 858.1 亿元，增长了 5 倍以上，最大的投入部分为原料基地基础设施建设投入。②

由此可见，产业化经营模式发展到现在也出现了与土地规模经营融合的新趋势。龙头企业自建基地意味着企业经营向农业生产领域的进一步下沉，推动了农业生产方式的进一步变革。农业生产纵向一体化与横向一体化相互促进。但是，中央政策仍然从经济社会发展稳定的角度，不鼓励龙头企业开展土地大规模经营。中央下发的《关于引导农村土地经营权有序流转发展农业适度规模经营的意见》明确提出，鼓励龙头企业重点从事农产品加工流通和农业社会化服务，把农产品种养环节留在农村，交给农户和农民合作社生产，要求加强对工商资本租赁农地监管和风险防范，避免片面追求大规模经营。

2.2.3 土地流转基础上的适度规模经营模式

产业化经营持续发展的同时，进入 21 世纪第二个十年后，农村劳动力大量转移进城，国家鼓励多种形式的规模经营，大力扶持和培育新型农业经营主体，土地适度规模经营进入快速推进阶段。与此相适应，规模经营主体大量涌现。截至 2016 年底，全国土地流转面积已由 2007 年的 0.64 亿亩增加为 4.71 亿亩，流转面积占家庭承包经营面积的比重提高为 35.1%。③据第三次全国农业普查数据，全国共有 2.07 亿农业经营户，其中规模经营户数量为 398 万，④规模经营户与全国农户规模比例约为 1∶37。

从具体组织形式上看，在土地经营权有序流转的基础上，家庭经营、

① 乔金亮. 工商资本下乡——鼓励去"务农"，不支持"圈地"[N]. 经济日报, 2013 –02 –18.
② 宋洪远，等. 中国新型农业经营主体发展研究 [M]. 北京：中国金融出版社, 2015：118.
③ 吴宗璇，彭争光. 现阶段土地流转面临的困境与对策 [J]. 中共银川市委党校学报, 2018 (2)：63 –65.
④ 国家统计局. 第三次全国农业普查主要数据公报（第一号）[R]. 国家统计局官网, www. stats. gov. cn.

集体经营、合作经营、企业经营等形式共同发展。家庭经营类的新型农业经营主体主要有专业大户、家庭农场等。这些组织既保留了家庭经营在农业生产中的特别优势，又克服了兼业小农经营的各种弊端，是现代农业发展进程中社会分工演进和加强的产物，是农业经营微观基础的再造。自改革开放确立家庭承包户的地位开始，家庭经营一直是我国农业生产经营的主要形式，家庭农场是家庭经营的"升级版"。集体经营是近年来集体经济组织参与规模经营的新形式，集体经济组织为承包农户开展多种形式的生产服务，通过统一服务降低生产成本、提高效率。一些地方集体经济组织根据农民意愿积极开展耕地连片整理，将土地折股量化、确权到户，通过自营或委托经营等方式发展农业规模经营，经营所得收益按股分配。合作经营是承包农户之间的合作与联合，具体运作主体有农民专业合作社和供销合作社等，在扩大土地经营规模的同时，注重从社会化服务角度参与农户的产前、产中和产后环节。企业经营的主要组织载体是龙头企业，政策着重引导龙头企业发展适合企业化经营的现代种养业，如种苗繁育、高标准设施农业、规模化养殖、"四荒地"开发下的多种经营等。与此同时，政策仍然强调龙头企业通过从事农产品加工流通和农业社会化服务，带动农户和农民合作社发展规模经营。

2.2.4　中国语境下的家庭农场

2013 年中共中央一号文件首次提出"家庭农场"这一概念。文件指出要创新农业生产经营体制，提高农业生产集约化经营水平，尤其是创造良好的政策和法律环境，采取奖励补助等多种办法，扶持联户经营、专业大户、家庭农场。此后，家庭农场的组织形式得到广泛关注。2014 年的中央一号文件则明确要"按照自愿原则开展家庭农场登记"。2014 年 2 月，农业部下发了《关于促进家庭农场发展的指导意见》。同年，中共中央办公厅、国务院办公厅印发《关于引导农村土地经营权有序流转发展农业适度规模经营的意见》，其中提到要加快培育新型农业经营主体，发挥家庭经营的基础作用，重点培育以家庭成员为主要劳动力，以农业为主要收入来源，从事专业化、集约化农业生产的家庭农场，使之成为引领适度规模经营、发展现代农业的有生力量。分级建立示范家庭农场名录，健全管理服务制度，加强示范引导。鼓励各地整合涉农资金建设连片高标准农田，并优先流向家庭农场、专业大户等规模经营农户。2015年中央一号文件提出加快构建新型农业经营体系，鼓励发展规模适度的农户家庭农场，完善对粮食生产规模经营主体的支持服务体系。2016年中央一号文件提出发挥多种形式农业适度规模经营引领作用，坚持以农户家庭经营为基础，支持新型农业经营主体和新型农业服务主体成为建设现代农业的骨干力量，充分发挥多种形式适度规模经营在农业机械和科技成果应用、绿色发展、市场开拓等方面的引领功能。2017年中央一号文件提到积极发展适度规模经营，大力培育新型农业经营主体和服务主体，通过经营权流转、股份合作、代耕代种、土地托管等多种方式，加快发展土地流转型、服务带动型等多种形式规模经营。积极引导农民在自愿基础上，通过村组内互换并地等方式，实现按户连片耕种。完善家庭农场认定办法，扶持规模适度的家庭农场。

由上可见，中国语境下的家庭农场指向适度规模经营，具有明确的目标导向，承载了中国特色农业现代化的发展诉求。需要看到，家庭农场的培育是在中国特色的土地制度和农业基本经营制度等制度框架和制度约束之内进行的。伴随适度规模经营的兴起和发展，以土地集体所有、农户家庭承包经营相结合的农村基本经营制度并没有根本改变。农业适度规模经营的发展自"两田制"被政策否决后基本上按照稳定农户家庭承包经营权的方向演化。由此，土地经营权流转成为实现农业适度规模经营的主要方式。经历长期探索，在综合考虑人地分离的现状、保护农民土地权益、促进农业提质增效等目标的基础上，我国明确了农村土地制度创新的基本方向：巩固土地集体所有权，稳定农户承包权，放活土地经营权，即由改革开放之初土地集体所有权与农户家庭承包经营权的"两权"分离逐渐演变为土地集体所有权、农户承包权和土地经营权的"三权"分离格局。这是中国家庭农场发展的地权基础，由此，中国家庭农场大部分体现为租赁式农场（国营农场分包和村集体统一反租倒包的情况除外），与国外可作为遗产继承的家庭农场存在本质区别。

作为新型农业经营主体中的一种重要类型，家庭农场是在农业适度规模经营的不断探索和调适中出现的。国家对农业适度规模经营的诉求自家庭承包责任制实施以来就一直存在。自资本下乡、农民专业合作社大量出现后，家庭农场同样也作为规模经营的主体而被寄予厚望。但家庭农场这一组织形式将有别于外来资本下乡，也区别于规范化不足的农民专业合作社，更多展现出其从农村原有种养大户或返乡创业群体中衍生的强大动力。因此，中国语境下的家庭农场主要指向农业规模经营，而从中国农业规模经营发展历程来看，家庭农场又更多指向规模经营的内生发育路径，即强调其与本土化要素或本土性的融合。从学术界和政策界对各类主体的定位来看，家庭农场体现出以下独特性。

第一，与资本下乡相比，家庭农场规模适中，启动资金有限，土地流转多在同村范围之内。而资本下乡多涉及上千亩的土地流转，其基地范围常跨村分布，运营资金较家庭农场雄厚。家庭农场可在工商注册为法人主体，性质类似于个体私营工商户，大多只聚焦于种植或养殖环节；而资本下乡多注册为农业公司，在流转土地开展种植经营的同时，也更加注重产前与产后环节的利润获取。

第二，与农民专业合作社相比，家庭农场主要以家庭为经营单位，属于个体经营的范畴，而农民专业合作社是农户家庭之间的合作经营。因为涉及小农户之间的联合与合作，农民专业合作社内部的交易成本高昂，且小农户较小的规模通常抑制了农业生产领域的合作需求。因此有学者主张农民专业合作社应向综合合作或者家庭农场基础上的合作转变。家庭农场的规模比小农户大，对农资产品价格或农产品销售价格也更为敏感，因此在产前和产后方面都存在较强的合作需求和动机。

第三，与传统种养大户和专业大户相比，家庭农场是具有法人性质的市场主体，在市场规范性上要高于传统种养大户和专业大户。家庭农场要求具有规范的台账记录，同时也是农业生产标准化、绿色化的实践者和推动者。家庭农场的经营者或潜在经营者一般会比传统种养大户和专业大户年龄更小。我国适度规模经营发展历程中出现的传统种养大户和专业大户以二十世纪五六十年代生人（"50 后""60 后"）为主，且面临农业生产后继无人的困境，因此政府对注册的家庭农场主尤其是中低龄家庭农场主常给予更多的关照。

上述关于家庭农场相较于资本下乡、农民专业合作社、传统种养大户和专业大户的独特性的论述主要是从规范认知层面展开的。但从实践中来看，家庭农场也存在规范化的问题。如一些资本下乡的企业为了获得更多的政策照顾，将基地中的某一片拿出来申请注册为家庭农场；一些本就规范化不足而主要开展私人经营的农民专业合作社也纷纷注册家庭农场等。因此，家庭农场的组织特征在实践中存在一定的模糊性。不仅如此，资本下乡、农民专业合作社本身的组织特征也并非清晰而规范的。随着实践发展和认识深化，家庭农场的规范化建设也将不断推进，其核心特征也将逐渐从广义的规模经营主体朝更多具有自身独特性的方向发展。如在家庭农场的识别上，政策操作层面曾经只设置最低规模，而随着实践发展，越来越多的地方农业部门已经认识到并不是规模越大越好，因此也针对粮食、蔬菜等不同类型的家庭农场给出规模上限建议。家庭农场正在逐步建立区别于下乡资本和农民合作社的组织特性。

2.3 家庭农场发展：目标与基础

中国家庭农场作为一种制度创新，有其特有的目标导向，即促进农业适度规模经营。在具体组织形式上，因其发挥家庭经营的特殊优势，使其具有区别于资本下乡企业、农民专业合作社等其他新型农业经营主体的组织特性。与此同时，家庭农场作为新型农业经营主体，显然也与维持家庭经营的普通农户相异。作为当代农业家庭经营的升级版，家庭农场发展目标决定了其与普通农户的差异。但就农村内部而言，家庭农场不是人为"垒大户"，而是普通农户家庭经营转型升级的产物。因此，家庭农场的未来发展将继续受制于中国城镇化及农户分化的状况，尊重这一现实条件是稳妥推进家庭农场和农业规模经营发展的现实基础。

2.3.1 家庭农场发展目标

"家庭农场"概念的提出是国家在四化同步的大目标下，进一步推动农业现代化发展的重要举措。家庭农场发展包括下列具体目标。

第一，家庭农场促进适度规模经营。家庭农场以自有土地和租赁土地为基础，一般经营规模为户均规模的 10~15 倍，这一规模可以使家庭农场获得与城市职工收入相等的收入，并能够有效地利用家庭内的劳动力，充分发挥规模经济的效应。

第二，实现家庭农场之间的合作与联合，推进农民合作事业发展。家庭农场由于从事适度规模经营，市场化程度和面临的农业风险显著高于普通农户。家庭农场存在合作的动力和需求。家庭农场之间的合作与联合具有广泛的基础，在家庭农场的基础上发展农民合作社，能够有效提高中国农业的组织化程度。

第三，为农业发展培养新型职业农民，解决农业后继无人之忧。家庭农场是主要从事农业商品化、集约化、规模化经营的主体，通过家庭农场的培育发展，农村将出现一批有一定文化基础、有强烈市场意识、有农业技术水平、有经营管理能力的现代职业农民。他们的成长是农业长远发展的坚实基础。

家庭农场的上述目标有效弥补了当今小农经济的不足。家庭农场经营与小农家庭经营代表了改革开放后农业家庭经营的两个不同阶段，两者的不同主要表现在以下几个方面。

第一，市场参与程度方面的差异。家庭农场全部的经营活动均以市场为导向，利用社会化服务，参与社会分工，产前、产中与产后紧密结合，组织化程度较高。而农户的农业生产活动则部分以自给自足为目标，往往体现为不完全地融入市场。

第二，经营规模的差别。家庭农场的经营规模一般较个体农户的规模要大，但这种差异会随着农业生产力的发展变化而变化（陈华山，1996）。家庭农场的经营规模要足以养活整个家庭并且能保证家庭投资获得社会平均利润，而个体农户的经营规模主要以维持生计为主，其投资和发展通常受土地资源和资金短缺的限制。

第三，机械化程度的差别。家庭农场的田间生产活动因为其规模较大而一般依靠农业机械完成，而且有赖于一套完善合理的农业机群结构。家庭农场既可以自己拥有这些机械也可以通过社会化服务雇用机械完成田间生产任务。但是个体农户因其规模较小，对机械的需求不如家庭农场那么强烈。不过随着农村劳动力的外流、农业生产者的老龄化，田间生产大多也以机械替代。小农户一般不会自己拥有大型机械，而以租赁方式完成田间生产。但是随着各种小型农业机械的发明，小农户也可能自己拥有机械。因此，在各种中小型机械不断发明应用的过程中，家庭农场与个体农户在机械化程度方面的区别也将消失。因为这个时候经营规模基本上是技术中立的（速水佑次郎、神门善久，2003）。

第四，制度化的差异。家庭农场是正式登记注册的法人组织，而个体农户是自然经济的范畴，不具备法人资格。在国家政策及政府监管方面，家庭农场是政策扶持的重点对象，同时也是监管的主要对象；而个体农户则与国家权力的直接关系较为疏远，政府对其的生产及质量控制较弱。

在看到家庭农场经营与小农家庭经营不同的同时，必须承认家庭农场经营是在小农家庭经营不断分化演变的基础上产生的。因为农户不断非农化后带来的人地关系趋缓是扩大规模经营的社会基础。因此小农经济的现状是家庭农场发展的历史起点。家庭农场是伴随小农经济体内部分化而出现的，小农家庭经营的非农生计转型不是一蹴而就的，因此在推进家庭农场和农业适度规模经营方面需保持一定的历史耐心，家庭农场经营与小农家庭经营的长期并存是中国特色农业现代化的必由之路。家庭农场的发展并不意味着终结小农经济，相反，家庭农场在发展壮大的过程中也应带动小农户与现代农业有机衔接。当家庭农场在现代科技要素的投入下实现较普通农户更高的商品化、专业化、社会化水平时，带动小农户发展也将成为家庭农场与普通农户的双赢选择。

2.3.2 家庭农场发展的现实基础

1. 家庭农场发展的条件

第一，城镇化与农村人口的持续转移。我国农村人口和农业劳动力数量都在下降。随着农村劳动力的转移和城镇化的进一步推进，我国农村人口农业劳动力数量连年下降（见表2-1）。截至2012年，我国城镇化率达到52.6%，这意味着城镇人口首次超过农村人口，城镇化取得了显著成就。1990年以来，农业劳动力在总人口中的数量就呈现下降趋势。2012年，我国农业劳动力占农村人口的比例下降到40.1%。伴随着城镇化的进一步发展，我国农业劳动力人口数量将进一步下降。实践证明，不断减少农业人口是改变我国农业面貌的根本途径（黄泰岩等，2001）。农业劳动力的减少促进了规模经营主体的发育，成为家庭农场发展的条件之一。

表 2 - 1　　　　　　1990~2012 年我国农村人口和农业劳动力数量变化

年份	总人口 （万人）	城镇化率 （%）	农村人口 （万人）	农业劳动力 （万人）	农业劳动力占农村 人口比例（%）
1990	114 333	26.4	84 138	38 914	46.3
2000	126 743	36.2	80 837	36 043	44.6
2010	133 972	49.7	67 415	27 931	41.4
2012	135 404	52.6	64 222	25 773	40.1

资料来源：孟丽，钟永玲，李楠. 我国农业经营主体功能定位及结构演变研究［J］. 农业现代化研究，2015（1）：41 - 45.

第二，土地确权与土地流转。土地确权是在坚持农村土地集体所有的基础上，对农户家庭承包经营权的确认，有利于稳定农户家庭承包关系，实行所有权、承包权、经营权三权分离。三权分离是推动农村土地流转、构建农村土地流转要素市场的前提条件。土地流转有利于家庭经营规模的扩大。在不断完善非农就业人口市民化的过程中，通过农村土地制度改革推动农村土地要素市场发育，将是家庭农场发展的制度土壤。农地制度变革和随之而演变的农业经营方式将带来中国农业的增长（张红宇，2002）。2013 年，我国农业产值在整个 GDP 的比重下降到 10%，根据发达国家经验，农业将进一步向现代化大农业迈进，政府支持的幅度也将进一步提升，家庭农场将得到更大的支持。

第三，村社结构与家庭农场制度的嵌入。中国历史上长期"以农立国"，发展孕育了璀璨的农耕文明，而村社构成了农耕文明具象化的空间载体。"叶落归根""告老还乡"等充分展现了村社在中华民族精神归属方面的重要意义。此外，村社内部系列生产生活方面的互助体系和道义准则也构成了中国传统社会的底色。新中国成立后，集体化改造尤其是 1962年后确立的"三级所有、队为基础"的人民公社体制将农业生产互助合作的单元确定为生产队。生产队的范围大致与传统村社范围一致（张乐天，2016），内部是基于长期血缘和地缘关系形成的互助团体。改革开放后，土地在集体内部分包到户经营，最小层级的集体大多因袭生产队的边界，因此仍然维系在村社范围内。此后村社也一直成为农业生产中普通农户家庭经营与互助合作的基本场域。时至今日，仍然可以说每一个个体的小农户均是嵌入在村社结构之中的。村社内部的道德准则、人情关系乃至社会资本均能影响个体的经济行为，这一村社结构成为家庭农场制度嵌入的重要背景。由此，当今家庭农场的生成与培育也应重视村社这一结构性环境，尤其是家庭农场土地资源与劳动力资源的获取均表现为家庭农场主在村社内部与人们互动的结果。

2. 家庭农场发展的约束

理论上，农户分化沿着两条线演进：农户非农化与农户专业化。这二者之间是相互依存的关系。但是农户分化却呈现更为复杂的现实，并形成对家庭农场发展的约束。这一约束主要体现在以下方面。

第一，不同地区之间农户阶层分化的不平衡性。首先，与经济开放程度、非农产业发展程度等紧密相连，农户分化呈现出由东到西依次递减的状况，即东部农户非农化程度高，中部次之，西部最低。相应地，在农户专业化方面，东部也高于中部和西部。其次，在同一个地区不同的区位之间也存在农户分化的不平衡性，即区位条件好的农村（一般分布在靠近城市等经济政治文化中心的地方），农户分化较为明显，而区位条件较差的农村（一般分布在省和县级行政区域边缘地带），农户分化则不是很明显。最后，不同村社之间，农户分化的程度也不一样。一般而言，在工业较为发达的农村，农户分化表现比较一致；而以农业为主的农村内部，农户分化则较为复杂和多元化（严振书，2012）。不同地区农户之间分化的不平衡性意味着家庭农场制度与政策的地方差异化，突出表现在家庭农场规模与培育数量方面的差异上。

第二，在农民离农就业的过程中，农户分化并没有朝着农户非农化和农户专业化的路径演化，而是体现为一只脚进城、一只脚还留在农村的"半城镇化"现象。由于现代化风险等诸多因素，非农就业的农民的生计具有不稳定性，造就了农民在城乡之间流动的两栖生活方式，这是农民家庭的理性选择：既努力在城镇打拼和寻找新的发展机会，又不放弃家乡的财产和生存保障，以使自己能够进退有路（陈锡文，2013）。对于目前的"半城镇化"现象，黄宗智（2006）指出，中国农业经济依然是一种过密型的经济形态，农村人口不得不依赖外出务工的收入维持家庭的正常运转和人口的再生产，而外出打工的风险又增加了农民对农村口粮田的依赖，因而形成了一种"制度化了的半工半耕"的小农经济。贺雪峰（2013）在这一基础上，结合长期农村调研经验提出，中国大部分农村家庭形成了比较固定的以代际分工为基础的半工半耕模式，即农村已婚子女在外务工，老人在家务农并照看孙辈。"以代际分工为基础的半工半耕"结构及其再生产性，对于理解中国社会结构的稳定性有重要意义，表现为：大部分进城农民工都未切断与农村的联系，一旦城市就业遭遇风险，就能顺利返回农村，所以国家不至于陷入"中等收入国家陷阱"，出现城市贫民窟现象。在当前产业转型升级的关键时刻，农村是中国现代化发展的"稳定器"和"蓄水池"。

第三，家庭农场的发展壮大将是一个长期过程，家庭农场与其他新型农业经营主体将进一步发展，与此同时，普通农户仍然构成了农业经营主体不可忽视的力量。截至 2013 年底，全国经营耕地规模在 10 亩以下的农户有 2.26 亿户，占家庭承包户总数的 85.96% 以上。[①] 小规模分散经营仍在农业经营结构中占据重要位置。由此，家庭农场的发展应尊重中国城镇化发展的特殊国情，适应人地关系的客观规律，稳妥推进适度规模经营发展。政府主导的或资本主导的大规模土地流转和大规模土地经营有可能带来不可预估的社会风险。中国特色农业现代化不仅要解决农业问题，还要解决农民问题，不仅要考虑产业经济问题，还要考虑农村社会问题（韩长赋，2013）。因此中国农业现代化尤其要注重实现家庭农场等新型农业经营主体与小农户的共生发展。

---

① 周群力. 我国农业规模经济发展及问题［N］. 中国经济时报，2016 – 05 – 13.

第3章 家庭农场组织特征
与农业经营方式变革

在中国，家庭农场主要通过要素合约获得完整的生产经营权和剩余控制权。家庭农场是由土地、资本、劳动力、农场经营者才能等要素组合而成（汪上、刘慧娟、李宝礼，2013）。在此基础上，家庭农场开展规模化经营和商品化生产，具有了区别于传统农业经营者的显著特征。本章主要从以下三个方面论述家庭农场在农业经营方式变革上的主要特征：一是家庭农场的要素配置特征，主要分析家庭农场在土地、资本、劳动力、企业家才能等方面的投入情况；二是家庭农场的组织化水平，主要分析家庭农场在购买生产资料、农产品销售等面向市场的行为中所体现的组织化能力和水平；三是家庭农场技术采用与风险态度，主要分析家庭农场在农业技术采用尤其是新技术的推广和风险规避行为上的特征。本章主要利用111份家庭农场问卷调查资料和家庭农场案例资料，从上述三个方面分析家庭农场的组织特征，并总结农业经营方式变革的主要趋势。

3.1 家庭农场组织特征

土地和劳动是主要的生产要素，是创造财富的根本。17世纪，威廉·配第（William Petty）指出，土地为财富之母，而劳动则为财富之父和能动要素。[①] 萨伊（J B Say）在《政治经济学概论》一书中提出，劳

---

① ［英］威廉·配第. 赋税论［M］. 陈冬野，等译. 北京：商务印书馆，1978：66.

动、土地和资本是最基本的三种生产要素。马歇尔（Alfred Marshall）在此基础上进一步指出组织（企业家才能）对生产发挥着重要作用。自此，土地、资本、劳动和企业家被视为经济生活中最基本的四个生产要素。要素之间的组合而不是某一个要素的效率决定了经济的总体效率。家庭农场作为一种新型农业经营主体，是对各要素的重新组合。分析家庭农场组织特征需要了解家庭农场的经营者特征、土地要素特征、劳动要素投入及资本等各个要素的特征。只有把握家庭农场各个要素特征，才能对家庭农场组织特征做出准确描述。

3.1.1　家庭农场经营者

1. 基本情况

由于家庭农场培育和发展处于起步阶段，受农场创办者认知和当地政策影响，并不是所有家庭农场都登记注册为"家庭农场"。在本书所调查的家庭农场中，登记注册的家庭农场有 83 家，占比为 74.8%。登记注册为个体工商户的有 31 家，占比为 38.3%；登记注册为个人独资企业的有 30 家，占比为 27.0%；登记注册为合伙企业（无限责任）的有 11 家，占比为 13.6%；登记注册为公司（有限责任）的有 9 家，占比为 11.1%。可以看出，企业导向经营的家庭农场达 50 家，占登记注册家庭农场的 60.2%。[①] 之所以不少家庭农场主选择登记注册为企业，主要考虑的是家庭农场的制度建设还不成熟，对其市场身份认可度抱有怀疑，而企业则不存在这样的问题，关于农业企业的市场地位及相关税收政策均要比家庭农场明晰。

家庭农场主的基本情况如表 3－1 所示。家庭农场主以男性为主，年龄大部分分布在 41~50 岁。多数家庭农场经营者为当地村民，但也有一些外地人创办家庭农场后居住在家庭农场所在村庄。家庭农场经营者平均每户有 4.93 人，平均每户劳动人口有 3.21 人。全国 2010 年第六次人口普查数据显示，平均每个家庭户拥有人口为 3.09 人，[②] 说明家庭农场经营

---

① 笔者调研。

② 国家统计局. 中国 2010 年人口普查资料. http：//www.stats.gov.cn/tjsj/pcsj/rkpc/6rp/in-dexch.htm.

者户均人口与户均劳动力人数均要高于全国平均水平。家庭农场经营者的文化程度集中在初中或高中/中专/技校，占比为82.8%。认为自己身体状况非常好和比较好的家庭农场经营者占比为86.3%，说明家庭农场经营者拥有较好的文化水平与健康水平，这些都促进农业经营者人力资本的提升。家庭农场经营者经营家庭农场的平均年限为5.9年。经营家庭农场年限在3年以下的占比为47.7%，4~10年的占比为38.3%，11~20年的占比为8.4%，21年以上的占比为5.6%，说明家庭农场以最近几年发展尤为迅猛。在所调查的111家家庭农场中，经营者来自本村的有80家，占比为72.1%，说明绝大部分家庭农场主都具有本土化背景，这也是家庭农场嵌入式发展的重要基础。

表 3 - 1 家庭农场主基本情况

变量	指标	频率	比例（%）	变量	指标	频率	比例（%）
性别	男	103	92.8	身体状况	非常好	69	62.7
	女	8	7.2		比较好	26	23.6
年龄	30 岁及以下	9	8.1		一般	14	12.7
	31~40 岁	33	29.7		不太好	1	0.9
	41~50 岁	49	44.1		很不好	0	0
	51 岁以上	20	18.0	户籍归属	本村	80	72.1
文化程度	小学	3	2.7		本乡外村	1	9.0
	初中	46	41.4		本县外乡	8	11.7
	高中/中专/技校	46	41.4		本省外县	15	4.5
	大专及以上	16	14.4		其他	7	3.6

2. 群体特征

经调查发现，家庭农场的主体来源有返乡中青年农民、城市工商资本、农村原有种植大户、专业养殖户等。与传统小农相比，他们均有一定的资本积累。对于拥有原始积累的家庭农场，家庭农场主显现出一定的群体特征：适应市场社会发展规律，善于学习和钻研，敢于大胆尝试各种新技术和新机械，敢于摸索，乐于与外界交流，理解外部信息的重要性，踏实能干，务实进取。

案例3-1：返乡青年创业

MM 农场。农场主刘某，35 岁，村干部，早年在外务工，积累一定资本后返乡创业。2012 年流转本村土地 400 多亩，注册为繁昌县第一家家庭农场，种植水稻和小麦。之所以选择返乡是因为他觉得农业以后大有前途，与打工相比，从事农业也更加自由。农场土地租期 10 年，租金为每年 200 公斤稻子。初始投资为 50 多万元。刘某家有 5 口人：本人、妻子、女儿、父母。田间管理的工作，除了刘某之外，主要是父母在做，另外哥哥在农忙时节回来帮忙开机械，妻子照顾女儿并负责家务。农场无常年雇工，但有一个稳定短工。

案例3-2：工商资本下乡

BX 农场。农场主肖某三十多岁，随州市人，早年在市里做汽车修理生意。于 2008 年在安居镇流转土地 200 亩，租期到 2028 年，种植水稻和小麦。后逐年流转土地，现流转土地总面积达 3 000 亩。曾任随州市曾都区人大代表。农场初始投资为 30 万元（自有资金），其中年土地租金投入达 12 万元，其余用于添置农机设备、购买生产资料和支付人工工资。肖某家有 5 口人：本人，妻子、儿子、父母。参与农场事务的仅肖某及父亲，妻子及母亲料理家务，儿子尚处于学龄前阶段。农场有 11 个常年雇工。

案例3-3：种植大户转化

ZW 家庭农场。农场法人代表王某，男，44 岁，小学文化程度，2007 年开始流转本村民组荒地 90 亩进行规模化种植，初始投资 3 万元，其中基础设施建设花费 21 000 元，成为当地有名的种植大户。后逐年扩大规模至 800 亩，并将在外打工的儿子召回一起经营，2013 年以"ZW"注册家庭农场。2015 年农场经营土地规模扩至 863 亩，其中水田 447 亩，旱田 416 亩（含标准大棚 10 个，新建育秧大棚 25 个）。农场主要进行常规种植，水田种植品种为水稻和油菜，旱地种植玉米、花生、大豆等品种。大棚在育秧之后种植蔬菜，主要品种为黄瓜、豇豆和西瓜。农场通过逐年积累，添置收割机 2 台，拖拉机 2 台，运输车辆 2 台，插秧机 1 台，旋耕机、灭茬机、喷药机及各种播种机、施肥器、收割机等农机具共 15 台套，作业机具原值 79.5 万元，固定资产总值 155.3 万元。他牵头成立了一个农机合作社，与当地农机户联合实现跨区作业。儿子回来后，机械操作主要归儿子负责。

案例 3-4：专业养殖户升级

ZC 家庭农场。农场法人代表郭某，男，1965 年生，分田到户（1987 年）后，主要营生是种田和拖拉机手。积累一定资本后于 1990 年投资养殖商品猪，当时规模已经达到年出栏 100 头。由于市场价格波动，1995 年转型养甲鱼。之所以选择甲鱼，是因为电视报道和其自小喜欢在稻田里捞鱼、摸虾和逮甲鱼。郭某自己买了一些养甲鱼的书籍学习相关的知识，初始投资 20 万元（4 万元是自己积蓄，13 万元是找亲戚等借钱，还有 3 万元是银行贷款）用于建设养殖池、选购生产资料。成功后开始逐步扩大自己的养殖规模，至 2013 年达到了 200 亩，并向工商部门注册登记为家庭农场，同时完成固定资产投资（农场建造了办公区，有设置面积较大的会议室、厨房、餐厅和产品展览室等，整个项目花 1 年完成）。

上述 4 个案例代表了众多家庭农场的 4 种典型生成模式，刻画了家庭农场主的一些关键性群体特征。总体上看，家庭农场的生成来自工商资本下乡、返乡青年创业、种养大户升级转化等多种路径。工商资本下乡往往只是将其中的某一处基地注册为家庭农场，其生产经营管理主要按照企业经营模式，内部设有雇用经理人，实践中这一种类型并不占主流。大多数家庭农场都是由返乡青年创业或种养大户升级转化而来，具有较好的本土性资源。这些人均热爱农业，有志于从农业中实现人生价值。他们均具有市场导向思维，传统种养大户更是在多年的农业经营中经受住了市场风险的考验。敢闯敢干、敢冒风险、具有创业创新精神成为家庭农场主这一批"新农人"的共同特征。

3. 企业家才能如何影响家庭农场发展决策

西奥多·舒尔茨（1999）曾在《改造传统农业》一书中指出传统农业处于一种维持简单再生产的低水平均衡状态，而要打破这一均衡的最好的方式是对农业经营者进行教育和人力资本投资，使其从传统农业的理性过渡到现代农业理性。现代农业是现代经济体系中的一个部门，以追求利润最大化为目标，主张改进技术、减少农业用人、获取规模效益、创造尽可能多的剩余价值。在现代农业发展过程中，企业家才能具有关键性作用。约瑟夫·熊彼特（J A Schumpeter）认为，企业家是承担实现新组合的人。企业家是企业的灵魂，而企业家才能是决定企业绩效的关键因素。因为企业家是对现有要素进行重新组合，实现要素配置效率的关键主体。企业家具有一定的人力资本，这种人力资本在舒尔茨看来，正是建立农村市场均衡的异质性人才。由于企业家才能投资大、周期长、形成途径小，对先天资质和后天要求高，且形成过程中充满不确定因素，因而企业家才能也是一种稀缺的资源（朱冬梅、吴文元，2004）。

具备一定人力资本的企业家一般会表现出追求创新、敢于冒险、屡挫屡战等优秀品质。企业家对一切新事物如新技术、新制度等具有敏感性。因此，企业家常常表现出创新的品质。实证调查发现，家庭农场主常常在品牌选择、技术研究与新技术的采用等方面追求创新。如庐江县农场主梅某，敢于尝试新的品种和种植方式。

案例 3 - 5

梅某是梅东村民组小组长，53 岁，现种植规模为 180 亩，所有土地均采取"稻-麦"轮作的种植方式。2009 年梅某将当地的种植模式调整为"稻-麦"轮作方式，是当地第一家采用这种方式的农户，后来其他农户发现这种轮作方式可以节省劳动力并且有利于土地的保养，于是农户纷纷调整种植结构。在水稻和小麦品种的选择上，梅某也敢于尝试新的品种，并且自己留种，将不同种子分块种植进行对比。通过不断试种和对比，家庭农场可以甄选出当地高产的品种，并且在农场内推广种植。其他农户见到效益后，也纷纷效仿。

敢于冒险是企业家精神的又一体现。随着市场经济的发展，市场不确定性带来技术风险、生态风险、专家风险等。家庭农场同很多中小企业一样，在发展中求生存，遭受失败与挫折，但是他们屡挫屡战。特别是从事农业生产的家庭农场主，遭遇风险的概率更大。一方面是遭遇自然风险，如在农作物即将丰收之时遭遇风灾或者雨灾，不仅使农作物减产，而且浪费了前期的所有投入；另一方面是遭遇农作物价格风险，如农产品价格在农产品上市季节下跌，与农场主经营预期相差较大，直接影响农场盈利。在这样一种情况下，家庭农场的发展就更需要农场主具有敢于冒险、屡挫屡战的精神。

案例 3 - 6

钟某于 2010 年回乡经营家庭农场，其农场主要种植大棚蔬菜。钟某通过网上的公开课程学习蔬菜种植技术，并通过朋友的介绍多次前往寿光考察学习。在其经营过程中，多次遭遇自然灾害。2011 年 3 个大棚在建期间遭遇大雪而坍塌，为此每个大棚额外花费 2 万元重建；2014 年暴雨导致大棚大面积坍塌，直接亏损约 130 万元；2014 年购置的大棚膜出现质量问题漏水导致水果黄瓜的秧苗大量淹死，直接亏损 40 万 ~ 50 万元。尽管遭遇这些风险，钟某仍然对经营家庭农场抱有信心，他认为遭遇的这些风险都是因为自己经验不足和不可避免的天灾，只要坚持总能扭亏为盈。

上述案例中，钟某就是一位敢于冒险的农场主。在家庭农场发展初期，企业家才能是家庭农场主在起步不稳定期坚持农业生产的关键性主观因素。反过来，家庭农场等规模经营的发展和这一批"新农人"的存在也让政府意识到农业生产经营风险问题，从而推动我国农业保险制度的建设和发展。

3.1.2 土地用途、规模及来源

土地是四大要素中最核心的要素，一切经济活动的展开都以土地为基础。马克思在《政治经济学批判导言》中说，土地是一切生产和一切存在的源泉。① 无论是种植、养殖还是种养结合型家庭农场均离不开对土地要素的利用。下面从土地用途、规模及土地来源等方面介绍家庭农场的土地要素特征。

1. 土地用途与规模

如图 3 - 1 所示，在所调查的家庭农场中，种植型家庭农场有 46 家，占比为 39.7%。其中，种植粮食的家庭农场有 25 家，种植蔬菜的家庭农场有 4 家，种植果树或园艺的家庭农场有 8 家，其他类别的家庭农场有 7 家，主要是种植茶叶与中药材。粮食种植型家庭农场平均经营土地面积为 309.64 亩，家庭农场经营蔬菜的平均规模为 245.33 亩，家庭农场从事果

---

① 马克思，恩格斯. 马克思恩格斯全集（第 46 卷上册）［M］. 北京：人民出版社，1982：43.

树或园艺种植的平均土地规模为 731.50 亩，养殖型家庭农场平均经营土地面积为 99.82 亩，种养结合型家庭农场平均经营土地面积为 273.91 亩，茶叶或中药材种植的家庭农场平均经营规模为 923.33 亩。

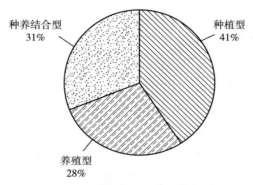

图 3 - 1　家庭农场生产经营类型

总体上来看，粮食种植型家庭农场土地经营面积集中分布在 100 ~ 300 亩；养殖型家庭农场对土地的需求没有种植型家庭农场强烈，其土地经营面积集中分布在 50 亩以下；种养结合型家庭农场土地经营面积同粮食种植型家庭农场类似，集中分布在 100 ~ 300 亩。土地经营面积在 300 亩以下的家庭农场总共有 75 家，占调查家庭农场的 72.12%。不同生产类型家庭农场的土地经营面积分布情况如表 3 - 2 所示。

表 3 - 2　　　　不同生产类型家庭农场的土地经营面积分布情况　　　单位：家

经营土地面积	粮食种植	蔬菜种植	果树或园艺种植	其他种植	养殖	种养结合	总计
50 亩及以下	1	1	0	0	19	4	25
50 ~ 100 亩	2	0	2	0	5	5	14
100 ~ 300 亩	14	1	1	2	1	17	36
300 ~ 1 000 亩	7	1	2	3	3	7	23
1 000 亩以上	1	0	3	1	0	1	6
总计	25	3	8	6	28	34	104

2. 土地流转情况

本书所调查的 111 家家庭农场经营的土地总面积为 31 976.95 亩。其中，自有家庭承包田面积为 1 545.5 亩，自有林地面积为 1 691.75 亩，流转土地的面积为 20 025.70 亩。流转土地共来自 2 211 户农户，平均每个家庭农场流转土地来自 29.10 户，即 1 个家庭农场的建立至少有 29 家普通农户转出土地给家庭农场。根据访谈得知，农户流转土地时不一定是将土地全部转出，更多的可能是只将部分土地转出给家庭农场。在本次调查的家庭农场中，对于家庭农场土地流转的价格，认为非常高的占比 9.4%，认为比较高的占比 27.1%，认为一般的占比 43.8%，认为比较低的占比 17.7%，认为非常低的占比 2.1%。可以发现，现阶段家庭农场流转土地的价格尚在农场主的认可范围内，但认为土地流转价格比较高的比例明显高于认为土地流转价格低的比例。这说明一方面随着家庭农场等规模经营的兴起，农村土地流转市场进一步发育，土地流转价格越来越多受到市场供求关系影响。另一方面，不断上涨的土地租金也对规模经营发展形成制约，过高的地租会侵蚀掉农场的农业生产经营利润，加剧农场经营风险。

62.5% 的家庭农场土地分布在 1 个行政村，20.5% 的家庭农场土地分布在 2 个行政村。分布在 2 个行政村以上的家庭农场比例为 7.9%，其中，有 1 个家庭农场的土地分布在 16 个村，主要是山林面积，涉及的村庄多。多数家庭农场土地流转是在村集体或乡镇及以上政府帮忙下实现的，占比 44.5%。自行流转的家庭农场有 49 家，占比 44.1%。除此之外的土地流转途径还有村自留 1 家、乡镇农场 1 家、二次转包 1 家。①

在家庭农场土地流转的对象方面，流转的土地来自本村民组农户的家庭农场有 63 家，但签订正式合同的只有 48 家，合同签订率为 76.19%。流转的土地来自亲戚朋友的家庭农场有 16 家，与亲戚朋友签订正式合同的有 10 家，合同签订率为 62.50%。流转的土地来自村集体的有 47 家，与村集体签订正式合同的有 39 家，合同签订率为 82.98%。② 可见，相较于土地流转自村集体，家庭农场流转农户和亲戚朋友的土地时，签订正式合同的概率较低。

---

①② 资料来源：笔者调研。

家庭农场土地流转情况如表 3 - 3 所示。家庭农场流转水田面积达 4 127. 8 亩，涉及 34 家家庭农场。水田流转的平均价格为 227. 21 元/亩，最低价格为 0 元，最高价格为 1 000 元/亩。水田流转的平均租期为 10. 77 年，最短期限为 5 年，最长期限为 30 年。家庭农场流转旱地面积达 13 505 亩，涉及 68 家家庭农场，旱地流转平均价格为 245. 83 元/亩，最低价格为 0 元，最高价格为 2 000 元/亩。旱地流转的平均租期为 10. 72 年，最短租期为 5 年，最长租期为 40 年。家庭农场流转林地面积为 4 187 亩，涉及 24 家家庭农场。林地流转的平均价格为 57. 38 元/亩，最低价格为 0 元，最高价格为 1 000 元。林地流转的平均租期为 6. 79 年，最短租期为 5 年，最长租期为 30 年。

表 3 - 3 家庭农场土地流转情况

土地类型	流转面积（亩）	平均流转价格（元/亩）	平均流转期限（年）
水田	4 127. 8	227. 21	12. 55
旱地	13 505	245. 83	12. 23
林地	4 187	57. 38	9. 77

3. 家庭农场土地流转中的困境

家庭农场在土地流转过程中，常常出现农户不愿流转的情况。总体上看，存在不愿流转农户的比例高达 46. 5%。当遇到不愿流转的农户时，家庭农场采取的办法有：25. 5% 的家庭农场选择与农户兑换土地；29. 8% 的家庭农场选择村委出面做说服工作，34% 的家庭农场选择放弃那块地；选择许诺工作、支付更高的土地租金、其他方式的家庭农场比例分别是 2. 1%、6. 4%、2. 1%。① 这说明农户参与土地流转的热情并不能被过高估计。农户参与土地流转的热情不高带来的结果是家庭农场土地短缺和供不应求。

农户作为理性经济人，参与土地流转的意愿首先取决于土地流出后的收益是否高于土地流转前的收益。而土地流转的价格受级差地租的影响在不同的地区表现为不同的价位。土地流转中的市场竞争也要受到级差地租

---

① 资料来源：笔者调研。

规律的制约，即土地流转的价格与土地的位置及产出相关。市场竞争有利于级差地租发挥作用，也有利于发挥土地资源的潜在价值。在地理位置好、土地流转价格高的地区，农户流转土地的意愿相对强烈。但实际上，农村土地流转很难形成一个完整、健全的要素市场。农村土地流转并不仅表现为一个经济问题，它也更多折射出农村社会问题。一方面农村土地产权的复杂性影响了土地流转价格的一致性，调研中发现家庭农场流转自村集体或亲戚朋友的土地价格要低于流转自普通村民，流转自村集体的土地价格较低主要是因为村集体能够配置的土地主要是"四荒地""边角地"等稍显劣质的土地。流转自亲戚朋友的价格较低，则主要是因为血缘伦理支持和互助道义支持等非经济因素。另一方面，与中国现有渐进式城市化发展道路相适应，农村形成了留守老人与留守中坚农民相结合的相对稳态的社会结构。留守中坚农民因为老人小孩无人照看等各种家庭或非家庭原因，主动在村发展，积极流转土地扩大经营规模，开展副业生产，主导村庄人情往来，是农村社会秩序的生产者和维系者。留守中坚农民在面对资本积累更为雄厚的新型农业经营者时，要么自身追加投入成为新型经营者中的一员，实现转型升级，要么就将面临土地资源无法维系，生计改变的窘境。因此，有部分中坚农民在新的土地流转格局下必然会利益受损。利益受损的中坚农民成为家庭农场等新型农业经营主体开展土地流转过程中最难以协调的对象。此时，土地流转价格并不能成为影响中坚农民是否流出自家承包地的关键因素。再者，对于农村中高龄老人而言，土地转出可能是一种现实选择，但他们并不会将土地全部转出，而是部分转出，因为土地对于农村中高龄老人而言仍然承载着养老与生计、劳动与尊严等多方面价值。综上所述，作为家庭农场规模经营的必要条件，土地流转尚需更为周全的制度安排，单纯提高土地流转价格并不能有效推动土地流转。一方面，就农户需求而言，土地资源货币化并不能有效满足农村留守人口的劳动就业、生活价值等方面的综合需求；另一方面，土地流转价格也有规模经营主体承载的上限，而这个上限与农户自营比较仍然存在差距。

除了土地流转中的农户参与因素外，家庭农场发展中面临的困境还有：流转价格高且变动快、承包年限短、地块零散等问题。由于土地流转的需求逐渐凸显，加之政府的宣传引导，农户对于土地流转价格的预期逐渐攀升。基于已有的政策变动和未来的发展趋势，农户倾向于选择短期流转而不是长期流转。这样，家庭农场在流转土地时，合同期限通常是政府要求的最低期限（一般为五年）。家庭农场因而难以开展稳定而长期的投资规划。地块零散是家庭农场发展中的又一瓶颈。农村集体土地分田到户时一般按照公平原则，实行田块远近肥瘦搭配，造成现在农户土地细碎化经营的格局。家庭条件成熟而又愿意流转土地的农户由于对土地的依赖程度低，一般选择全部流转，这样家庭农场接手的土地就很零散。家庭农场为了土地连片，需要说服部分流转意愿不是很强烈的农户，土地流转成本将整体上升。最终，家庭农场也不得不面临部分农户无论如何也不流转土地的局面。农户的这种插花地使得家庭农场在经营过程中耗费更多的人力物力，降低了家庭农场的规模效益。

3.1.3　资金来源与投资概况

1. 初始投资概况

超过50%的家庭农场初始投资规模在30万元以上。家庭农场初始投资规模在5万元以下的家庭农场占比为14.4%，初始投资规模在5万~10万元之间的家庭农场占比为7.7%，初始投资规模在10万~30万元的家庭农场占比为25%，初始投资规模在30万~100万元之间的家庭农场占比为27.9%，初始投资规模在100万~500万元的家庭农场占比为18.3%，初始投资规模在500万元以上的家庭农场占比为6.7%。①

家庭农场初始投资主要用于土地租金、基础设施建设、购买农用机械设备、购买生产资料等。家庭农场初始投资情况如表3-4所示。70.5%的家庭农场初始投资中土地租金的占比在20%以下。而基础设施建设、购买农用机械设备、购买生产资料的费用占比在20%以下的家庭农场比例分别是46.7%、80.7%、51.2%。可以发现，有53.3%的家庭农场基础设施建设费用占比超过20%，而土地租金占比、购买农用机械设备占比、购买生产资料费用占比超过20%的家庭农场比例分别是29.5%、19.3%、48.2%。在家庭农场初始投资中，大部分家庭农场只在基础设施建设费用占比方面超过了20%，土地租金、购买农用机械设备、购买生产资料费用

---

① 资料来源：笔者调研。

占比超过20%的家庭农场均未过半。这说明，如果农田基础设施条件改善，大部分家庭农场初始投资成本将显著下降。

表3-4　　　　　　　　　　家庭农场初始投资情况　　　　　　　单位：%

比重	土地租金占比	基础设施建设费用占比	购买农用机械设备占比	购买生产资料费用占比
20%以下	70.5	46.7	80.7	51.2
20%~40%	11.4	14.1	7.2	22.1
40%~60%	10.2	19.6	4.8	12.8
60%~80%	6.8	7.6	6.0	5.8
80%以上	1.1	12.0	1.2	8.1

资料来源：笔者调研。

家庭农场固定资产投资的主要目标是通过资本对劳动的替代，实现标准化生产并且控制生产成本。家庭农场购买农用机械设备占比在20%以下的家庭农场比例高达80.7%，这一结果与实际调研中的发现一致。调研中发现，家庭农场完全自己供给农机的现象非常少见。主要原因有：一是资金限制，当资本积累有限，投资购买机械存在难度时，大户就会选择将机械作业部分外包；二是农机服务需要机人配套，专业性强，购买机械再雇用农机手不如直接外包给提供农机服务的专业服务人员便利。

案例3-7

BX农场的固定资产投资也是随着面积的增加逐步增加的，现有一个40亩的育秧工厂，另拥有5台插秧机，没有添置收割机。BX农场不添置收割机的主要理由是：一是收割时间过于集中，耕地面积大，对机械数量相求大；二是现在收割机的社会化服务发达，临时叫人不存在问题；三是自购收割机后人手、利用率都不足，影响机械发挥最大效用。

2. 资金获取渠道

家庭农场初始投资主要有四种来源：一是自有资金；二是亲戚朋友借款；三是有利息的私人借贷；四是银行贷款。在所有资金来源中，91.7%的家庭农场初始投资来自自有资金，38.3的家庭农场初始投资来自亲戚朋友借款，8.4%的家庭农场初始投资中存在有利息的私人借贷，22.4%

的家庭农场曾向银行成功贷款。①

家庭农场初始投资中自有资金占比较高（见表3－5），其中，有48.6%的家庭农场的初始投资完全依靠自有资金，71.1%的家庭农场自有资金超过50%。

表3－5　　　　　　　　家庭农场初始投资中自有资金占比情况

自有资金占比	20%以下	20%~50%	50%~80%	80%~99%	100%
频数	4	21	19	6	54
百分比	3.6	18.9	17.1	5.4	48.6

在所调查的家庭农场经营者中，有53.8%的家庭农场曾向银行贷款，但获批贷款的比例只有46.2%。农场主获得贷款的抵押方式主要有耕地承包经营权、家庭资产（包括农场固定资产）、担保人、无抵押、其他等。在成功获批贷款的家庭农场中，以耕地承包经营权获得贷款的比例为3.4%，以家庭资产（包括农场固定资产）获得贷款的比例为16.9%，以担保人获得贷款的比例为47.5%，无抵押获得贷款的比例为18.6%，以其他方式获得贷款的比例为13.6%。② 说明家庭农场贷款主要来自熟人担保这一传统的农村信贷方式。但是也有一些新型的贷款方式值得注意。如在其他方式贷款中，有2家家庭农场采用了农户联保这一抵押方式。农户联保是当地为鼓励农业资本投入和促进农村创业而专门设置的农村贷款抵押方式。其具体操作方式是以农户土地承包经营权为基础，通过农户之间的合作，以合作农户共同的信誉向银行贷款，有的地方规定合作农户最低不能少于五户，简称五户联保。这样一种贷款方式激活了农户土地承包经营权的效能，是农村金融创新的一个方向。农村金融创新将为家庭农场发展提供有益的制度环境。

3.1.4　劳动力要素基本情况

家庭农场虽是家庭经营，但雇工在家庭农场经营中十分普遍。因而家

---

①②　资料来源：笔者调研。

庭农场劳动力要素的使用不仅指家庭内部劳动力的使用，也包括雇工等非家庭劳动力的使用。

1. 农场家庭内部劳动力投入情况

劳动力是经济发展的重要资源。经济高质量发展需以吸纳劳动力就业的方式推进。我国拥有丰富的劳动力资源，随着改革开放和工业化、城市化发展，农村劳动力越来越多地进入城市就业，致使农业劳动力呈现老龄化特征。家庭农场在这一背景下发展起来，丰富了农业劳动力的组成，增加了农业农村人力资本储备，促进了农业生产的专业分工。

本书课题组发放的问卷调查结果显示，家庭农场家庭成员与农场主的关系主要是配偶（38.8%）、父母（29%）、子女（14.4%）、兄弟姐妹（8.7%）等血缘关系，也有来自姻缘关系的女婿、儿媳、公婆、岳父母等（7.5%）。可见家庭农场的家庭成员不仅来自直系家庭内部，也包括兄弟联合家庭及姻亲关系下的经营共同体。如果说家庭农场的主要劳动力来自家庭成员，那么理解"家庭"的含义将至关重要。对"家庭"含义理解的不同将直接影响家庭农场的认定。如庐江县的家庭农场认定中，明确要求家庭劳动力在2个及以上，主要是为了排除单个家庭成员的家庭农场。但实际调查显示，家庭农场中的家庭结构形式丰富多样，有的家庭就只有一个劳动力投入，农业生产主要依靠雇工。而有的家庭农场雇用了亲戚担任重要职务，也将其视为家庭成员。根据调查案例总结，家庭农场的"家庭"主要有联合家庭、主干家庭、核心家庭和单边家庭。其中，主干家庭是家庭农场最普遍的形式，联合家庭是越来越受青睐的家庭农场发展方式。

案例 3-8：联合家庭

HZ 家庭农场。倪某今年 62 岁，农场现有面积 1 373 亩，土地均来自本村范围。倪某兄弟 3 家经营，倪某和儿子经营 700 多亩，2 个兄弟每家各经营 300 亩。粮食生产耕、种、收环节全部实现了机械化。倪某现固定资产投资达 200 万元，其中收割机 2 台，价值 40 万元；大型拖拉机 1 台，价值 10 万元；烘干机 2 台，价值 30 万元；仓库 700 平方米花费 70 万元；地泵 1 个花费 6 万元；小型拖拉机 3 台，价值 2 万元；农用车 1 台，价值 10 万元。而倪某的 2 个兄弟未进行任何固定资产投资，大的农用机械及烘干都依靠倪某。2 个兄弟的稻子最后都交由倪某统一对外销售。因为是一家人，彼此信任，账目管理相对透明公开，3 个兄弟的家庭实现了合作共赢。

案例 3－9：主干家庭

ZW 家庭农场。农场法人代表王某与儿子共同经营农场一年后，儿子结婚，农场家庭由核心家庭变为主干家庭，此时农场家庭劳动力的分工为：王某全面负责，妻子负责财务，儿子主要操作机械，儿媳主要操作电脑，负责文字资料整理及电子记账等。

案例 3－10：核心家庭

RZ 水稻种植家庭农场。许某，男，36 岁，中专毕业，自修大专文凭。2011 年流转本村土地 200 亩，2013 年增加到 300 亩，2014 年增加到了 500 亩。RZ 家庭农场家庭劳动力主要是许某和妻子两个人。许某主要负责机械服务和市场对接，兼任会计，同时参加田间生产劳动，一年参加劳动天数为 110 天；妻子主要负责人员管理和财务，也参加田间生产劳动，一年参加劳动天数为 90 天。

案例 3－11：单边家庭

JY 家庭农场。农场法人代表黄某，退伍军人，居住在县城，家有一个小孩，现读高一，妻子为全职主妇。2010 年回村流转土地 1 070 亩，在 2010～2012 年从事传统种植，2012 年开始转向稻虾连作。黄某每天开车往返县城家中和农场，农场雇用了 6 个常年雇工。稻虾连作后，农场一年利润在 40 万元。

上述案例展示了家庭农场多元化的家庭结构。核心家庭主要是以夫妻两人为主要劳动力，投入农场生产经营管理；主干家庭则以父子 2 代投入劳动力，是家庭成员投入农场经营占比最高的类型。核心家庭与主干家庭是家庭农场理想的劳动投入模式。联合家庭以兄弟或姻亲等血缘关系联合经营为主要模式，类似于集体化时代的"互助小组"，在地块经营权上是区分的，但联合使用劳动力、机械等生产资料，是新形势下有志于农业生产的农民在资本积累不足的情况下抱团发展的现实选择。单边家庭主要指家庭中只有一人（通常是男性户主）参与农场生产经营管理，其他成员均不参与的劳动力投入模式，此种农场经营以雇工为主，在家庭农场类别中不占主流。

2. 常年雇工情况

在本书所调查的家庭农场中，多数家庭农场家庭自有劳动力投入人数为 2 人，常年雇工人数为 2 人，临时雇工最多为 10 人。在所调查的 111 家家庭农场中，有 54 家家庭农场拥有常年雇工，比例为 48.6%。54 家家庭农场常年雇工总数为 167 个。

从表 3-6 中可以看出，常年雇工以男性为主，年龄集中分布在 31~50 岁和 51~70 岁这两个阶段。相较于全国农业劳动力情况，家庭农场常年雇工呈现年轻化和老龄化并重的态势。常年雇工的身体状况都较好，受教育程度集中在小学和初中。常年雇工多为农场主认识的人，有 22.8% 的常年雇工是农场主亲戚，40.7% 的常年雇工是农场主的朋友或熟人。

表 3-6 常年雇工基本情况

变量	值	样本数	比例（%）
性别	男	104	62.7
	女	62	37.3
年龄	30 岁及以下	9	5.5
	31~50 岁	77	47.0
	51~70 岁	78	47.6
	70 岁以上	0	0
健康状况	很好	79	47.3
	好	61	36.5
	一般	22	13.2
	差	5	3.0
	很差	0	0
受教育程度	小学以下	23	13.9
	小学	53	32.1
	初中	65	39.4

变量	值	样本数	比例（%）
受教育程度	高中/中专/技校	16	9.7
	大专及以上	8	4.8
与农场主关系	亲戚	38	22.8
	朋友或熟人	68	40.7
	熟人介绍的陌生人	34	20.4
	正式招聘的陌生人	14	8.4
	其他	13	7.8
是否亲自参加田间生产劳动	是	152	91.0
	否	15	9.0
是否接受过技术培训	是	67	41.6
	否	94	58.4
全年劳动天数	100天及以下	27	16.5
	101～200天	34	20.7
	201～300天	53	32.3
	300天以上	50	30.5
薪酬（元/月）	1 000元及以下	14	8.6
	1 001～2 000元	87	53.7
	2 001～3 000元	51	31.5
	3 001～4 000元	6	3.7
	4 000元以上	4	2.5

资料来源：笔者调研。

　　大部分常年雇工亲自参加田间生产劳动，但也有少量常年雇工（比例为9%）受雇为家庭农场的代管人，因而不用亲自参加田间生产劳动。常年雇工中，一年工作200天以上的占62.8%。常年雇工的薪酬集中分布在1 000～2 000元/月。薪酬在2 000元/月以上的常年雇工比例为37.3%。

　　常年雇工的农场角色主要有种植工人、养殖工人、技术员（包括种植技术员、养殖技术员、机械手等）、杂工（守夜、看场、做卫生、做饭、包装、服务员)、管理者(监督组长、叫工干活、安排任务)、运输工人、会计、出纳等。其中,种植、养殖工人是农场最主要的常年雇工。杂工、技术员、管理者也是农场常年雇工的重要部分,其比例仅次于种植、养殖工人。常年雇工农场角色的分布如表3-7所示。

表3-7 常年雇工农场角色分布情况

农场角色	出纳/会计	管理者	技术员	销售/运输	种植工人	养殖工人	杂工
样本数	4	17	19	3	46	44	22
比例(%)	2.4	10.2	11.4	1.8	27.5	26.3	13.2

3. 临时雇工情况

除常年雇工外,家庭农场在农忙时还会雇用临时工。临时工以家庭农场所在的村的劳动力为主,但也辐射到全乡范围。临时工的工资根据干活的种类和地区的差异而存在很大的不同。就农田除草这一农活而言,有的农场雇用临时工的价钱在40元/天,而有的农场雇用临时工的价钱却高达180元/天;杀虫也是类似,农场雇用临时杀虫工的最低价钱是40元/天,而最高价格却达到200元/天。在所有临时工中,机械手的工资是最高的。机械手的雇用价钱最低为100元/天,最高达400元/天。[①]

4. 家庭农场为什么雇工经营

经笔者调查发现,在粮食经营领域,家庭劳动力投入与家庭农场是否雇工经营的原因如下。

第一,土地规模与家庭农场组织形式有密切关系,不考虑家庭结构的多样性,仅就夫妻核心家庭农场而言,200亩以内的农场规模将以家庭自有劳动力投入为主;面积在500亩以上的规模经营则均有长期稳定的雇工。

第二,在家庭劳动力投入可经营范围内,农场可能没有常年雇工但不必然。夫妻2个劳动力能够经营的最大规模是200亩,但如果农场主不希望过于辛苦,且妇女不参与农场劳动的情况下,200亩以内的粮食种植也

---

① 资料来源:笔者调研。

可能雇用常年雇工。

第三，在家庭劳动力投入不可经营范围内，农场选择雇用工人。具体情形包括：一是家庭劳动力缺乏田间生产的经验，如工商资本下乡就必须雇用代管；二是土地规模超出家庭成员的劳动能力范围，如夫妻 2 个劳动力经营近 500 亩面积，一般就需请一个种田经验丰富的代管；三是农场土地规模经营之外还向周边农户提供农业社会化服务，如部分家庭劳动力从田间生产转到外出服务，因此田间生产需要额外雇工。

由此可知，家庭农场是否雇工经营与农场规模、家庭劳动力投入状况、农场经营多元化等因素相关。实践显示，农户家庭的复杂性和农业生产的多样性决定了家庭农场雇工情况。

3.2　家庭农场组织化水平

家庭农场不同于小农家庭经营，小农家庭经营进行生产的部分目的是满足家庭消费，组织化水平低；而家庭农场是以规模经营为基础，市场需求为导向，以企业组织化方式配置土地、劳动力、资本、技术、管理等各种生产要素展开生产，组织化程度高。家庭农场由于所需求的生产资料与所销售的农产品的规模均较大，经营的组织化水平大大提升。

3.2.1　生产资料购买的组织化水平

从表 3-8 中可以看出，作为传统小农主要农资购买渠道的农资店在家庭农场农资购买渠道中虽然仍占最大比重，但已明显受到农资多元化购买渠道的挑战。除了传统的农资店外（占比 38.5%），家庭农场还选择了农资店之外更为直接和具有规模的购买渠道，如区域农资经销商、企业直购、农民合作社等。此外，还有批发市场（3 家）、流动商贩（2 家）、电子商务平台（3 家）。值得注意的是，电子商务平台作为突破传统流通方式的媒介，正在成为家庭农场购买农资的重要选择。

表 3 - 8   家庭农场农资购买主要渠道

主要购买渠道	农资店	区域农资经销商	企业直购	农民合作社	其他	合计
频数	42	38	14	7	8	109
百分比	38.5	34.9	12.8	6.4	7.3	100

资料来源：笔者调研。

3.2.2 农产品销售的组织化水平

在笔者所调查的家庭农场中，53.2%的家庭农场表示销售不存在问题。无论是销售渠道还是销售价格，家庭农场均表示不存在问题。14.2%的家庭农场注册有农产品品牌。

如表 3 - 9 所示，家庭农场农产品的销售渠道主要有国营粮食购销企业、私人购销/加工公司、农民专业合作社、批发市场、农产品经纪人、直接配送给消费者等。其中，农产品直接销售给公司的家庭农场占了45%。值得注意的是，家庭农场将农产品直接销售给消费者的比例占了10.8%，这一销售方式主要是通过电子商务平台实现的。显然，相较于传统小农，家庭农场在农产品的销售渠道上更加多元化。而且，家庭农场经营有利于"从田间到餐桌"全产业链经营方式的实现，从而大大提升农产品的价值。从家庭农场的主要销售渠道中可以看出家庭农场是面向市场而生产农产品的组织，其市场化程度远远高于传统小农。

表 3 - 9   家庭农场主要农产品销售渠道

主要销售渠道	国营粮食购销企业	私人购销/加工公司	农民专业合作社	批发市场	农产品经纪人	直接配送给消费者等方式	其他	合计
频数	3	46	1	21	19	12	9	111
百分比	2.7	41.4	0.9	18.9	17.1	10.8	8.1	100

资料来源：笔者调研。

与普通农户相比，家庭农场农产品销售价格也具有一定的优势或者不逊于普通农户。在"与周围普通农户相比，您的农产品销售价格如何"的问题中，36 家家庭农场选择了更高，占比为 34.6%；61 家家庭农场选择了差不多，占比为 58.7%；7 家家庭农场选择了更低，占比为 6.7%（由于部分家庭农场农产品尚未上市出售，因此有 7 个数据缺失）。[①]

家庭农场农产品销售价格上的优势与多种因素有关，获得农产品市场供求信息是影响农场销售价格的关键因素之一。家庭农场获得农产品市场供求信息的方式如表 3-10 所示。相较于分散小农无法掌握和预测农产品供求信息，家庭农场则会通过当地批发市场（26%）、电视及网络（20.1%）、政府农技部门（13.5%）等途径主动了解和获取农产品市场供求信息。

表 3-10　　　　　　家庭农场获得农产品市场供求信息的方式

方式	政府农技部门	农民合作社	农业龙头企业	当地批发市场	经纪人	电视	网络	其他
频数	14	3	8	29	11	4	17	18
比例（%）	13.5	2.9	5.8	26.0	10.6	3.8	16.3	17.3

资料来源：笔者调研。

此外，家庭农场的市场优势还体现在与外部市场接触时家庭农场主的谈判能力。家庭农场主的谈判能力主要是指家庭农场在农产品议价与质量控制等方面的能力。从表 3-11 中可以看出，30.5% 的家庭农场具备较好的谈判能力。虽然这一比例不高，但相对于普通农户谈判能力的缺乏，家庭农场在市场方面的掌控能力显然相对较高。

表 3-11　　　　与外部市场接触时，家庭农场的谈判能力分布状况

谈判能力	很好	比较好	一般	比较差	很差	合计
频率	8	25	65	10	0	108
百分比	7.4	23.1	60.2	9.3	0	100

资料来源：笔者调研。

---

① 资料来源：笔者调研。

3.3 家庭农场技术采用与风险态度

3.3.1 技术采用

家庭农场作为规模经营主体，对节约成本、提升效益的技术具有高度敏感性。家庭农场生产经营中的新技术被分为以下类型：一是作物新品种，二是栽培管理技术，三是种植改造技术，四是病虫害防治技术，五是农机技术，六是处理与保鲜技术，七是产后加工储存技术，八是其他。上述技术类型中，农机技术是典型的劳动节约型技术，病虫害防治技术、栽培管理技术、处理与保鲜技术、加工储存技术等是典型的质量管控型技术，而作物新品种和种植改造技术则既属于劳动节约型技术也属于质量管控型技术。将家庭农场生产经营中采用的新技术与生产中急需的新技术做多重响应分析，频数分布情况如表3-12所示。从表3-12中可以看出，家庭农场采用的前三种技术种类是新品种（56.5%）、病虫害防治技术（40.6%）、种植改造技术（37.7%）。而家庭农场急需的前三种技术是病虫害防治技术（33.3%）、栽培管理技术（31.7%）和新品种（25.0%）。因此，家庭农场采用的主要技术与急需的主要技术具有高度重合性，对质量管控型技术尤其重视。由此，家庭农场在改变传统小农粗放经营方面优势明显。

表3-12　　　　　　　　　家庭农场采用的主要新技术种类

选项	主要采用的新技术种类			生产中急需的技术		
	频数	百分比	个案百分比	频数	百分比	个案百分比
作物新品种	39	26.5	56.5	15	15.3	25.0
栽培管理技术	25	17.0	36.2	19	19.4	31.7
种植改造技术	26	17.7	37.7	12	15.3	25.0
病虫害防治技术	28	19.0	40.6	20	20.4	33.3
农机技术	14	9.5	20.3	4	4.1	6.7
处理与保鲜技术	7	4.8	10.1	7	7.1	11.7

续表

选项	主要采用的新技术种类			生产中急需的技术		
	频数	百分比	个案百分比	频数	百分比	个案百分比
产后加工储存技术	6	4.1	8.7	11	11.2	18.3
其他新技术	2	1.4	2.9	7	7.1	11.7
总计	147	100	213.0	98	100	163.3

资料来源：笔者调研。

实际上，家庭农场技术采用具有多种渠道，如农技部门、高校或研究机构等。家庭农场技术采用的主要渠道如表 3－13 所示。家庭农场所需生产技术指导的其他方式主要有长辈朋友、农资店或种苗销售商、培训班、网络等。从表 3－13 中可以看出，家庭农场技术采用的主要渠道是政府农技部门（25.5%），其次是无人指导，依靠自学（21.8%），再次是高校或研究机构（18.2%）。政府农技部门成为家庭农场新技术采用的主要渠道。而在此之前，政府农技部门与普通农户对接难度大，普通农户新技术的需求和采用更多依靠同村示范，技术推广的难度大、时间长。家庭农场则主动联系政府农技部门以获得各种类型的新技术，提升规模经营的效益。

表 3－13   家庭农场技术采用的主要渠道

主要渠道	无人指导	农民合作社	农业企业	政府农技部门	农业科技示范户	高校或研究机构	其他	合计
频数	24	7	8	28	5	20	18	110
百分比	21.8	6.4	7.3	25.5	4.5	18.2	16.4	100

资料来源：笔者调研。

3.3.2   风险态度

农业经营是高风险的事业。农业生产受自然界和市场环境的双重影响，可控性低。农业生产具有季节性与周期性，对农产品的运输、贮藏、投资生产都产生影响（徐忠爱，2011）。普通农户倾向于种植传统作物，其主要原因也在于传统作物的自然风险和市场风险偏低。风险带来的不确定性会影响家庭农场主的生产经营决策。受制于个人成长经历，家庭农场主的风险偏好会存在差异。如表3-14所示，绝大多数家庭农场主认为自己是比较敢于冒险的人，经营家庭农场的风险比较大，而且认为家庭农场经营的主要风险为市场风险。因此，大多数家庭农场的生产经营决策主要是依据市场的需求。大部分家庭农场经营中的风险都由农户自己承担。

表3-14 家庭农场主的风险偏好与决策

问题	选项	样本数	均值	众数	方差
您认为经营家庭农场的风险如何	1＝很大；2＝比较大；3＝一般；4＝比较小；5＝很小	106	2.26	2	1.433
您认为家庭农场经营风险主要存在于哪些环节	1＝资产风险；2＝市场风险；3＝自然风险；4＝技术风险；5＝决策风险；6＝制度/政策风险；7＝其他	108	2.25	2	1.744
在您和您家人看来，您是一个什么样的人	1＝非常谨慎；2＝比较谨慎；3＝一般；4＝比较敢于冒险；5＝非常敢于冒险	109	3.21	4	1.224
经营风险主要由谁承担	1＝自己；2＝保险公司；3＝政府；4＝雇用经理人或分包农户；5＝其他	108	1.10	1	0.204
生产经营决策的主要依据是什么	1＝自己的经验和爱好；2＝根据市场的需求；3＝政府导向；4＝当地种植传统；5＝其他	109	2.08	2	1.243

资料来源：笔者调研。

3.4　家庭农场促进农业经营方式变革

3.4.1　家庭农场促进农业经营方式变革的表现

上述分析均表明家庭农场显示出了与普通农户相异的新的组织特征。具体而言，家庭农场在促进农业经营方式转变方面的组织特征表现在以下三个方面。

第一，家庭农场组织内部要素组合更加均衡，特别是资本和企业家才能的注入，使得土地的价值得以提升。绝大多数家庭农场的初始资本投入在 30 万元以上，带动了农业基础设施的改造和固定资产的投入。绝大多数家庭农场主是初中或高中文化程度，年龄集中分布在 41~50 岁，拥有丰富的人生经历，敢于在市场经济中冒险。家庭农场主是风险偏好显著的农业经营者，改变了普通农户在农业经营中一直追求风险规避的传统心态，促进了农业结构调整和农产品附加值的提升。

第二，家庭农场销售渠道及市场信息的获得更加多元化，组织化水平得以提升。普通农户的销售多依靠农产品经纪人，主动性低；而家庭农场的销售则以私人购销、加工公司为主，缩短了流通环节，节省了农产品流通上的交易成本，因而家庭农场能获得较高的销售价格。家庭农场市场经济意识强，通过批发市场、电视、网络等各种方式主动寻求市场信息，并对各类市场信息进行评估、辨别，因而在与外部市场谈判时，家庭农场能拥有一定的谈判能力和市场地位。

第三，家庭农场技术采用上对质量管控型技术的需求更加明显，与此同时，家庭农场也使得政府的农技推广服务更加容易对接。家庭农场主对质量管控型技术的重视有利于改变小农农业粗放经营的状况，促进农产品品牌建设和农业提质增效。家庭农场农场主对质量的重视也客观上促进了农技推广体系的重建及其功能发挥。家庭农场主的文化水平和技术敏感性都让政府的农技推广工作更为容易，也有利于在农业技术推广实践中不断创新农业生产经营技术，进而带动更多农户接受新的农业生产技术模式，为农户衔接现代农业提供技术支撑。

3.4.2　农业经营方式变革的影响

家庭农场规模经营产生的农业经营方式变革既涉及生产力层面各种生产要素的优化组合，分工合作的深化，也涉及农村各种利益关系的调整，乡村治理体系变迁及城乡关系的重塑。

1. 生产力层面

第一，优化要素组合，加速农业现代化进程。从上述家庭农场的组织特征中，可以发现家庭农场是土地、资本、技术、企业家才能等生产要素有机结合的微观生产经营组织。家庭农场规模经营有效改变了农户分散零散经营的弊端，实现了一定程度的适度连片规模经营。家庭农场重视农田基础设施投入，改善农业生产的水土条件，客观上也为提升农业机械装备水平创造了条件。家庭农场经营使得农业生产从小型机械或部分环节机械化的模式转向耕种收全程机械化生产模式，促进了劳动生产率的提高。家庭农场经营对质量管控型技术的重视也意味着家庭农场在农业产出和产量方面的追求，试图以质量管控和品牌建设有效提升农产品产量和附加值。家庭农场在商品化、专业化、集约化生产上的优势，大大加速了农业现代化进程。

第二，深化分工合作，促进社会化大生产的发展。家庭农场基于对生产要素的合理配置，一般选择外包机械作业环节；家庭农场的规模也成功吸引了农资企业与其主动对接；家庭农场的专业化生产也让政府的农技推广及市场的技术指导更好落地。总而言之，家庭农场的发展助推了农业社会化服务的发展。此外，家庭农场作为市场经济运行的微观主体，充分参与市场竞争，具有彼此之间合作与联合的内在需求，以组织化的方式积极融入产业一体化，推动农工商协调发展。

2. 生产关系层面

第一，调整农村内部利益关系。农业生产经营组织形式创新及农业生产经营方式变革必然对农村生产关系带来影响。严海蓉、陈义媛（2015）认为中国农业转型呈现出资本化特征，而这一资本化进程存在自上而下和自下而上两种动力。自下而上的资本化动力对应的是农村改革开放之后发展起来的种植大户、专业大户群体，他们存在农业规模化和资本化运作的内生动力；自上而下的资本化动力是指城市工商资本下乡，通过大规模流转农户土地而形成的农业规模化、资本化经营模式。家庭农场经营既体现了资本化农业自下而上的动力也体现了自上而下的动力。不少研究探讨了资本化农业对农村生产关系的影响。黄瑜（2015）认为资本化农业存在"死劳动"替代"活劳动"的趋势，丧失土地经营权的农民大部分并不能被资本化农业所消化。陈航英（2015）的研究进一步指出农户分化与农业资本化是同时发生也可能是相互促进的。基于普通农户还将长期大量存在的现实，家庭农场如何与普通农户共赢将是家庭农场制度需要回答的一个重要问题。

第二，形塑乡村治理新形态。家庭农场制度吸引青年返乡创业，有效缓解乡村治理中精英主体缺失的问题。家庭农场主大多来自村庄内部，农业生产经营既能保持自身家庭生活的完整性，也能带动小农户有效衔接现代农业。当然，如果家庭农场利益过多地侵蚀了普通农户留村务农的利益，就将极大影响农村社会稳定。以农户自愿为前提引导土地的集中是内生型家庭农场发展的必由之路。基于自愿原则的市场平等交换，土地经营的利益格局双方就都能接受。在此种利益分配结构中，农户不可能在土地流转时漫天要价，家庭农场也会在农业生产、社区生活等事务中对留守小农户给以必要的帮助。基于家庭农场与普通农户的良性互动，村庄可进一步完善在经济生产、社会互助、人情往来等方面的村规民约。因此，内生型家庭农场在处理与农户关系上既遵循经济平等交换原则，也遵循社区伦理道义原则，进而形塑出利于乡村自治、法治与德治共同发展的局面。

第三，促进城乡协调发展。家庭农场是联结城乡的重要载体，家庭农场的经营场域既在乡村也在城市。乡村是农产品的生产基地，城市是农产品的主要消费基地。家庭农场作为商品化、专业化、集约化生产者，积极拓展农业生产产业链条，以合作与联合的方式，融入纵向一体化组织，推动农工商综合协调发展，带动城乡协调发展。此外，家庭农场对本地乡村产业的带动，对本土社区文化生活的积极贡献等均有利于化解乡村空心化问题，推动乡村振兴战略有效实施，进而改变乡村面貌，促进城乡协调发展。

从生产力层面看，家庭农场组织创新及其农业经营方式的变革优化重组了农业生产要素，深化了农业生产经营领域的分工合作，大大加速了农业现代化进程和社会化大生产的发展。从生产关系层面看，家庭农场规模经营调整了农村内部利益关系，形塑了乡村治理新形态，也重塑了城乡关系。因此，家庭农场制度需综合考虑生产力与生产关系的协调发展，只考虑生产力或只考虑生产关系的家庭农场培育思路均不可取。

第4章　要素合约与家庭农场资源获取

作为从事规模经营的新型农业经营主体，家庭农场主要通过正式或非正式的合约来获取必要的经营资源，如土地资源和劳动力资源。由于家庭农场的生发路径差异，实践中家庭农场展现出丰富的合约类型。本章通过对合约类型的总结，比较不同类型之间的特征，进一步把握家庭农场实践的多样性和复杂性。将各种组织安排视为不同的合约组合，甚至视为各种新制度的形成，这是一种非规范的分析，非规范的分析要求对现实发生的逻辑和类型进行详细的考察和分析，这是进行理论创新的重要基础，也只有这样，理论才有针对现实的自洽性。因此，本章主要采用定性分析的方法。定性研究强调细节的、描述性的资料，所使用的资料通常是通过深度访谈、长期观察等方式得到的（陈传波，2004）。与定量研究强调逻辑演绎不同，定性研究更强调归纳总结。

4.1　家庭农场：一种要素合约综合体

合约的实质是签约双方权利的重新分配（巴泽尔，1997）。目前合约类型和合约安排已经发展成一个引人注目的理论分支。张五常（2010）沿用科斯的看法，认为企业与市场的替代，其本质就是要素合约对另一种商品（中间产品）合约的替代。因此存在要素合约和商品合约的区分。要素合约指要素使用权交易的合约，拥有要素使用权的经营者获得剩余索取权和剩余控制权。企业的性质就在于以要素市场取代中间产品市场，提高交易效率（谢德仁，2002）。在农业生产经营组织形式中，要素合约的主要形式是土地租赁基础上的各种规模经营的组织。商品合约指交易一方为另一方提供商品的合约形式，本质上是一种产品市场交易。在农业生产经营组织形式中，典型的商品合约形式是订单农业，即"龙头企业＋农户"的形式。在种植业领域，选择要素合约的条件是具备质量考核与生产流程的可控性，机械化作业的发展为农场从事规模经营提供了可能（罗必良，2012）。家庭农场正是在机械化作业的条件下，以土地要素合约为基础形成的适度规模经营组织。这一组织形式是对农村土地、劳动力、资本等各种要素的重新组合。可以说，家庭农场组织是要素合约综合体。

基于要素组合的角度，家庭农场是资本、企业家才能均具备，但是缺少土地和劳动力资源的组织。当不同所有者将其资源联合起来进行生产时，就必须通过合约部分或完全地转让其拥有的资源的产权，通过谈判并缔结合约条款来规定参与者之间利用资源的方式及分享"合作剩余"（崔宝敏，2009）。家庭农场通过与农户签订土地流转合约和雇佣合约获得发展所需的土地资源和劳动力资源。家庭农场土地流转合约一般是正式的书面合约，劳动合约则主要体现为非正式的口头合约。因此，在家庭农场合约中，土地租赁合约是核心合约，劳动合约则是边缘合约，往往表现为土地合约的附属合约。

家庭农场与农户之间关于土地流转和劳动力雇用的合约均是要素合约。相较于商品合约，要素合约具有更长的期限，通过将多次商品交易行为内部化而降低交易成本。罗纳德·科斯（R H Coase，2009）认为，多次短期交易在某些情况下会不尽如人意，比如"有关价格的成本""谈判和签约的成本"等市场成本。为了避免多次短期交易的成本，交易双方之间会选择订立长期合约，这种情况通常是针对某些商品或服务的供给或者是交易方风险规避的需求。家庭农场通过合约将要素重新组合在一起，要素使用权被让渡给组织，凭借组织，家庭农场进行内部要素统一配置。

4.2　家庭农场土地流转机制

在现实的经济中，合约的难题都会交给当事人——要素的所有者和企业家。在我国社会主义市场经济条件下，土地资源的利用需要土地使用权的合理流动。土地使用权的合理流动则要在清晰的土地产权基础上，推动土地使用权市场的发展。家庭农场建立的基础是获得土地，而土地资源的获得主要依靠土地使用权流转的方式。按照我国农业基本经营制度，土地集体所有、由农户家庭承包经营。由于农户的分化，土地对于农户的作用发生变化，因此土地流转得以形成。土地流转主要取决于农户向非农产业和城市转移的情况以及土地租金的水平。土地流转的主体通常是农民，也有少量情况下是农村集体经济组织。

资源分配可以依靠社区或市场。社区或市场均可看作一种调配资源的组织。市场调配资源的主要手段是价格，通过价格协调竞争者的利益；社区配置资源的主要机制是信任与合作，而信任建立在加强人际互动和人际关系的基础上（速水佑次郎、神门善久，2009）。家庭农场资源获取的市场机制是指以市场尤其是价格杠杆来调节资源配置的方式。家庭农场资源获取的社区机制是指通过社区内部人情关系网络获得资源的方式。其中，市场机制又存在两种情况：一是家庭农场与农户之间自由协商流转土地，交易成本完全由双方承担；二是家庭农场通过农村集体经济组织这一中介方式流转土地，家庭农场虽与农户签订流转合同，但土地流转前的信息搜集和谈判等费用都由农村集体经济组织承担。

4.2.1　市场机制 I

家庭农场资源获取的市场机制 I 是依靠市场这只看不见的手对资源进行重新分配的过程。市场机制是充分发挥市场竞争机制，促进资源流动，发挥资源应有效应从而促进经济发展的主要途径。市场机制的优点主要有通过价格杠杆和竞争机制的功能把资源配置到效益较好的环节中去；同时市场机制能够通过竞争压力实现各市场主体的优胜劣汰，促进企业技术进步和管理改善（马秀贞，2007）。不过，土地是一种特殊的商品，在价格竞争机制下，家庭农场有时也不能获取足够的土地资源，使得家庭农场土地资源获取中存在一定的"市场缺失"，而市场缺失通常是市场失灵的主要表现（黄书亭、周宗顺，2004）。

山东省宁津县张村现有 5 家家庭农场，平均每家家庭农场的规模在

180 亩。5 家家庭农场流转农地的面积占该村庄农地面积的 40%。所有家庭农场皆以传统的粮食生产为主。这 5 家家庭农场均由本村人创办，农场主与农户协商流转。这 5 家家庭农场的土地流转价格参照地区土地规模流转的统一价格，达到 1 000 元/亩。土地流转签订正式合同，租期 5 年。在土地流转过程中，家庭农场之间开展了剧烈的资源争夺。家庭农场为了获得紧张的土地资源，采取了不同的策略，如利用家族关系网络尤其是长辈权威、频繁宣传和动员、策略包抄等方式。但总体而言，农户之所以愿意将土地流转出去，原因还是在于土地流转的高价格。因此家庭农场土地资源获取遵循了市场的价格竞争原则和自愿原则。

以下主要以宁津县 JS 农场和敏昌县 MM 农场为例，讲述市场机制 I 的具体运作过程。

案例 4 - 1

JS 农场。农场主姜某，42 岁，村电工，村委委员。2013 年以前一直在家种地，家有承包地 14 亩，另以 20 元/亩的价格承包村集体的试验田 12 亩，还有其他农户的 8 亩土地，共计 34 亩。在土地规模流转出现之前，姜某就是村里种地最多的大户。2013 年开始大规模流转土地，2015 年注册家庭农场。现有土地面积 400 亩，种植小麦和玉米。农场固定资本投资 21.5 万元，现有旋耕机、收割机、喷灌设施、打药机等机械设备。

土地流转的过程。2013 年玉米收割后以自家承包地和村集体试验田为核心向外扩张，流转农户土地共计 265 亩，涉及 84 户。加上村集体的试验田 66 亩和自家承包地 14 亩，家庭农场经营面积为 345 亩。2014 年玉米收割后，姜某又主动流转了农户土地 50 来亩，使总规模达到 400 亩。这 400 亩的连片程度高，主要分为 4 个大块：一块 280 多亩，一块 60 多亩，一块 40 多亩，一块 13 亩。13 亩的地块主要是为了给农户调整土地而残余下来的。与农户的土地流转合同期限为五年，租金 1 000 元/亩，一年一付；与村集体的土地流转合同期限为十年，租金 700 元/亩，一次性付清。

土地流转中农户的态度。姜某 2013 年流转的土地涉及 84 户农户。其中，愿意流转的农户有 60 户，占流转农户总数的 71.4%；可流转可不流转的有 4 户，占流转农户总数的 4.8%；不愿意流转的有 20 户，占流转农户总数的 23.8%。对于不愿意流转土地的农户，姜某的策略是与其置换土地，这样的农户有 10 户；其他的是始终不愿意流转土地的农户，其中 1

户的土地夹在姜某地块中间，每次下地都要经过姜某的地块，种地不方便，第二年索性将土地也流转给了姜某，剩下的几户不愿意流转土地的主要原因是他们自己田地的位置好，就在机耕道旁边，自己种着方便。后面也出于一些考虑把土地流转给了姜某。

JS 农场的生成源于姜某在农业经营领域多年的积累，这一积累既包括他早年低成本承包租赁农地所获得的农业剩余，也包括他在长期本土经营过程中所积累的关系资源。在政策引导和地区规模经营风起云涌的刺激下，姜某所在村庄的农地资源也变得紧张起来。此时姜某扩大经营规模转型升级为家庭农场的路径已经市场化了。村庄农地资源的价格不再按照此前的"人情"价格，而与区域内农地规模流转的价格全面看齐。区域内农地规模流转的价格通常由种植经营苗木、蔬菜等特色经济作物的价格来引导，一般高达 1 000 元/亩，而这一价格也传导给种植粮食作物的规模主体。因此，姜氏农场的经营成本尤其是土地租赁成本大幅上涨，不仅与农户的土地流转价格高达 1 000 元/亩，与村集体的土地流转价格也由 20 元/亩上涨为 700 元/亩。这一价格显然是区域土地流转市场机制发挥作用的结果。市场机制彰显了农地价值，但这一价值是否可持续尚待实践的检验。由特色经济作物引导的土地流转价格市场本身存在投机性，而农户常以区域内最高价格为目标，加之政府又需保护农民利益、获得农民对土地流转的支持，因此粮食规模经营主体的土地流转价格也迅速飙升。这一现象无疑加剧了粮食规模经营的不确定性，带来了农业规模经营可持续发展难题。市场机制的另外一个隐忧在于高企的土地流转价格背后，家庭农场经营的基础设施环境并没有明显改善。JS 农场在市场机制作用下，不得不接受区域统一的土地规模流转价格，但 JS 农场作为本土积累成长的规模主体，并没有享受政府提供的高质量的农地基础设施条件，农场主自身尚需与分散的农户谈判协商，与分散农户逐一置换地块才能形成土地的相对连片经营，导致交易成本高昂。

案例 4 - 2

MM 农场。法人代表刘某，35 岁，村干部，早年在外务工积累一定资本后返乡创业，2012 年流转本村土地 400 多亩，注册为本县第一家家庭农场，种植水稻和小麦。MM 农场所经营的农地处于乡镇政府打造的现代农业示范园内，土地平整度高，农地灌溉条件优越，经营较为便利。现代农业示范园区内形成了相当可观的农地规模经营格局，这一经营格局的形成与当地政府有意培育农地流转市场分不开。MM 农场所在地平镇的土地规模流转过程包含了三个阶段：一是土地确权，二是土地平整，三是土地流转。确权采取的"确权不确地"的做法，即所谓的"虚拟确权"。具体做法为：对整理后的土地所有权只确权到村民组，同时以原土地承包合同为依据，将农户在项目区内的实际承包面积确定为土地承包经营权收益面积，但不确定地块具体位置，这样就使农户在项目区内的承包地块"虚拟化"。土地所有权、承包权和经营权的分离为实行土地的规模流转提供了条件。接下来的土地平整不涉及权属分配问题。土地平整后村民组划分大户经营和本组农户经营的区域及地块。在土地分配前，农户自愿决定土地是否流转及流转面积的大小。项目区农户需继续承包经营土地，申请后取得土地经营权，并在本村民组土地区域内，采取抓阄的办法确定具体的田块位置，但需保证田块的基本完整。不再经营土地的农户将土地交由村民组集中流转出去。平镇成立了土地流转中心，专门处理土地流转的相关事宜。镇土地流转中心的首要职责是信息搜集，即对全镇土地流转情况进行登记备案，并规范土地流转合同的签订。项目区土地流转工作由村委会协调安排。村委会协调农户与规模经营大户商定流转意向并签订合同，报镇土地流转中心备案，镇土地流转中心在此期间起规范引导作用。当地土地流转费以每年每亩 200 千克常规中熟杂交稻计价（以上年 10 月 31 日当日稻谷市场价为参考）。此费用一年一付并在每年 1 月 10 日之前兑现。流转期限由土地流转转出方和受让方协商而定，但合同终止日期均在 2025 年前。流转期内，国家给予的农资综合直补、良种补贴、粮食直接补贴等归转出土地承包经营权的农户享有，给予规模种粮大户的各项政策性补贴均归土地流转的受让方享有。流转期内，村内兴办公益事业需按田亩承担筹资筹劳义务的，土地流转受让方不需承担；镇政府若按田亩收取共同性生产性水费等，受让方需按转出土地承包经营权的农户原受益面积承担。

　　MM 农场土地资源的获取也是以合约的形式获得农地经营权，遵循项目区内土地流转的市场行情。但与 JS 农场不同的是，影响 MM 农场土地流转的市场机制带有更为明显的政府干预痕迹。换言之，这一市场机制并不是自发形成的，而是政府有意培育和引导的。市场的形成与政府这只"有形之手"密切相关。当地政府在土地平整、信息搜集、价格指导、合同监管等方面的服务为项目区内规模经营主体的兴起提供了有利条件。与 MM 农场一样的规模经营主体通过土地流转中心的服务和监管，明确了与农户的权责关系，更有保障地获取土地资源、开展生产经营活动。政府对土地流转市场的培育和农田基础设施条件的整体再造有效吸引了青年农民返乡创业。这些返乡创业的农民多年在外务工，积累了一定的资本，能够为家庭农场的启动创造条件。返乡农民具有启动资金，突破小农经济的自我循环和简单再生产模式，扩大土地经营规模和农业服务规模，并且具有不断扩大再生产的动力。返乡农民具有较强的市场竞争意识和风险意识，在新技术的采用，农业品牌化、标准化、生态化建设方面均表现出积极性。返乡农民在农村社区从事农业生产经营活动，能够调动本土社会资本，节省与农户打交道的成本，并且减少生产经营活动中的诸多麻烦。在政府的作用下，返乡创业的农民通过市场机制 I 获取土地资源，成功创办家庭农场，正在成为农业现代化的新鲜血液和有生力量。

4.2.2 市场机制 II

家庭农场资源获取的市场机制 II 是指基于家庭农场对土地规模连片的需求，以农村集体经济组织为土地流转的中介，处理土地流转前期的信息搜集、价格谈判与地块选择，处理土地流转过程中不愿意参与土地流转农户的土地置换，并且作为土地流转的重要一方主体，参与土地流转的合同签订，并对合同实施进行监督。农村集体经济组织在土地流转中发挥中介作用，可以极大地节省土地流转双方的交易成本，并能够协调农户意愿，保护农户利益。农村土地和劳动力市场均是不完善的市场，交易中信息的获得十分关键。农户流转土地的意愿有别，而家庭农场对土地存在连片和规模的需要，这中间必然会产生昂贵的交易成本。在农村市场机制建立和发展的早期，农村集体经济组织能够承担基本的转制成本和新制度（新的资源配置方式）建立的启动成本，是培育农村土地流转市场机制的主要力量。不过，这样一种市场机制带有明显行政干预的色彩。在土地权属不明确的情况下，容易发生农村集体经济组织侵犯农户利益的行为，如农村集体经济组织迫于政府或职能部门的压力，介入公司与农户的契约签订，干涉或胁迫契约当事人（徐忠爱，2011）。但是，在土地权属明确的地方，农村集体经济组织则更多体现为本土服务角色。农户拥有物权化的土地承包经营权，在土地流转中具有完全的民事行为能力。但是由于农户分散、信息闭塞，土地的市场化流转中，分散农户既缺乏议价能力也很难在合同中有效保护自身权益。农村经济组织不仅能够对外与土地的需求方接洽，获得外部市场信息，而且能够让农户形成规模流转的一致意见，协调不愿流转农户的土地置换从而顺利对接规模经营主体的土地流转需求。这样的农村集体经济组织是新型农业经营体系构建中不能忽视的力量。以下以军村农场和 HQ 家庭农场为例，介绍市场机制 Ⅱ 的运作过程。

案例 4 - 3

军村位于中部传统农区，现有 2 家家庭农场，经营面积分别为 608 亩和 463 亩。家庭农场经营面积占全村耕地面积的 25.5%。这两家家庭农场分别为该村粮食加工的省级龙头企业的基地和一家外地企业资本下乡的基地。粮食加工企业流转 608 亩水田，主要种植水稻和小麦，企业内有人专门负责家庭农场的生产经营。外地企业流转 463 亩旱地，种植蔬菜等经济作物。这两家家庭农场的土地资源是通过以村委会为中介的大规模土地流转获取的。2013 年军村集体经济组织主导了这两家家庭农场的土地流转过程。参考农户耕种土地效益和同地方的土地流转行情，该村集体经济组织与家庭农场协商最后价格为水田旱地统一 660 元/亩，租期 5 年，家庭农场与农户和集体经济组织分别签订土地流转合同。该村集体经济组织对家庭农场资源使用和租金发放行使监督职责。其中，经营粮食的家庭农场流转本村九组、十二组两个村民组全部的水田。村集体之所以选择在九组、十二组开展土地流转，主要原因是这两个村民组劳动力转移多，经济基础较好。在土地流转中，村集体协商处理非流转户的土地置换，通过 40 天的工作，基本实现了流转土地的规模连片。后来在实际经营过程中，因为该农场雇用问题引来十二组在家劳动力不满。经村集体出面协商后，农场改为雇用十二组农户从事田间生产劳作。

总体来看，军村家庭农场的生成也与本村劳动力转移、农地资源市场化配置相关，但是很显然农村集体经济组织在其中发挥了很重要的作用。农村集体经济组织的作用主要表现在：协助流转土地，化解土地流转和规模经营中的各种矛盾，降低土地流转中的信息不对称性和规模经营的交易成本。军村农场的经营者长期在本地从事粮食加工经营，名下加工企业已经获得省级龙头企业称号。军村经营粮食的家庭农场是本地企业，经营管理上逐渐摸索出了相对稳定的模式；但是另外一家经营经济作物的家庭农场因为是下乡资本经营，管理等各方面出现问题，一年之后就退出，导致与农户的租约不能按期兑现，为此村干部不得不忍受农户的骂声与上级政府的批评。

案例 4 - 4

HQ 家庭农场创办于 2013 年 6 月，并于 2013 年 12 月注册。目前共经营土地 580 亩，租期 10 年，初始资金 150 万元，全部是自有资金。农场主周某今年 40 岁，1998 年和妻子去寿光做蔬菜批发生意，效益一直不错。近两年国家一直鼓励土地流转，故萌发了回来包地种蔬菜，形成自产自销产业链的想法。该农场的土地共经历了两次流转，第一次流转是创办家庭农场时，流转 330 亩，流转费 1 100 元/亩，租期 10 年；第二次流转是在正式注册家庭农场之前，又流转 250 亩，流转费用依旧是 1 100 元/亩，目前共计土地 580 亩，这些土地都是通过村集体来流转的，没有直接与农户打交道。农场主要种植经济作物，其中有机菜花和茄子规模最大，另外还种植韭菜（60 亩）、萝卜（80 亩）、白菜（60 亩）、大葱（100 亩）、黄瓜（50 亩）。农场的蔬菜主要销往北京、天津、济南和寿光，这些市场大多是周某以前积累的人脉，也有后期去批发市场找的经销商，他们有需求了就打电话让周某发货。

与军村农场获取土地资源时村集体的被动介入不同，HQ 家庭农场获取土地资源时，村集体有更大的积极性和主动性。当地政府主要致力于宣传引导，搭建土地流转服务平台。下乡资本在乡镇土地流转中心的引荐下亲自下村考察，最后明确农场经营地。涉及村集体并不受来自上级政府的土地流转压力，主要以农地所有者的身份与下乡资本谈判。下乡资本也乐于与村集体谈判而不是与分散农户谈判。下乡资本通常不具备本土社会关系资源，因此其与分散农户一一谈判的交易成本将极其高昂。村集体则具有与农户打交道的优势。村集体通过积极对接下乡资本，服务规模经营，壮大村集体经济收入，成为土地规模经营和新型农业经营体系中的积极力量。HQ 家庭农场的案例也表明，规模经营主体、农户、村集体等多方主体共赢的规模经营格局的形成，根本在于规模经营主体具备市场盈利的能力和经营的稳定性，而不是借助农场的名号达到其他目的。

综上所述，无论是市场机制Ⅰ还是市场机制Ⅱ，家庭农场资源获取的市场化路径都明显受到政府作用的影响。政府对农田基础设施的投入建设及土地集中的相关制度支持，为家庭农场市场化获取土地资源提供极大便利，并有利于后续经营的开展。政府不以行政思维命令村级组织"垒大户"，而是以土地流转服务中心的平台建设，做好下乡资本与乡村土地资源之间的牵线搭桥工作，切实服务于农地产权各方主体，就能极大减少农户、村级集体组织及下乡资本之间的摩擦，为家庭农场规模经营和下乡资本经营创造良好的政治与社会环境。

4.2.3　社区机制

家庭农场资源配置的社区机制主要指通过社区人情关系网络流转土地，社区内土地流转的价格低，而且土地租金既有实物形式也有货币形式。租金并不是在市场供需的基础上形成的，而是流转受让方对使用对方资源的感恩与回馈，是一种"礼物"性质的表达。社区正是这样一个地缘和情感的共同体，社区内部的成员具有相对稳定性，人与人之间的交往和关系可以跨越很长的历史时段，交易并不是一次性的，因此，大多数人并不仅只注重眼前利益，而是有着长远的合作考虑。家庭农场通过人情关系网络流转土地是一种被动的资源获取行为，将土地流转给家庭农场的农户可以选择某个时段外出务工或回村种地。家庭农场土地资源的使用是不稳定的，但是家庭农场的土地租金低，亩均收益高。对于缺乏资本和风险承受能力弱的农村社会而言，这种方式也能在一定程度上促进适度规模经营的家庭农场的培育和发展。对于农户而言，这样一种资源配置方式则弥补了家庭社会保障的不足。

湖北省襄阳市明村现有 2 家家庭农场，这 2 家家庭农场是以社区内部人情关系网络为基础而获得土地资源的。其中 ZD 家庭农场经营土地 170 亩，种植传统作物水稻和小麦，其土地来自 56 家农户；另外一家家庭农场经营土地 60 亩，种植经济作物，其土地来自 27 家农户。家庭农场流转农户的土地均没有签正式合同，租期也不稳定，农户想要种地时即可拿回。当地农户流转土地通常跟家庭阶段性的目标有关。如家里子女上大学或成家使家庭面临巨大的货币化压力时，农户会选择暂时流转土地外出务工；又如家里子女添了小孩需外出帮忙照顾，这些农户也会暂时流转土地。但大部分农户最后的依靠仍然是土地，所以农户即使签订正式合同的价格高，也不愿意签正式的合同。因此，社区机制下的土地流转方式机动性很大，家庭农场的土地规模也表现出伸缩性。

案例 4 - 5

ZD 农场。杨某，女，33 岁，与丈夫原来均在外务工，因小孩无人照看，回村种地。2009 年回村时，杨某接手了 20 亩土地，之后滚雪球式发展，至 2014 年耕种面积达 170 亩。土地分散 6 片，约有 60 个地块。流转农户的土地均没有签合同，农户什么时候要就什么时候给。刚开始的租金是 100 元/亩，随着包地的人越来越多，逐渐涨到 180 元/亩。之所以不签订合同主要是彼此之间都觉得放心。就农户而言，他们会随着家庭生命周期的变化而呈现不同的生计安排。如一些家庭在子女缺乏生活自理能力时选择夫妻一方甚至双方在家务农，而当子女寄宿或完成学业后选择夫妻双方均外出务工，其理由在于孩子成家将带来一大笔家庭开支（家庭建房、为儿子娶媳妇等），而当子女成家之后，父母至少会有一方留在家中，因为子女的家庭再生产是在农村内部完成的，但是子女的就业则是以城市为导向的，因此孙辈的抚养则落在老年父母身上。这也是隔代抚养在农村如此盛行的原因。这些祖父母家庭在照顾孙辈的同时经营农田以降低生活成本，获取基本收入。

通过社区机制获取土地资源的家庭农场主一般来自村社内部，在本地具有丰富的社会关系资本，与土地流出的农户并不会签订正式的土地流转协议。这些流转土地给农场的农户大多是农场主的亲戚、邻居或者熟悉的村民。村民与农场主存在先赋性的信任关系，为农场开展经营提供了极为有利的条件。但是依靠社区机制获取土地资源的家庭农场因为没有正式合约的约束，在经营规模上具有一定的不稳定性，而且因为农户有选择性地出租土地，农场的土地连片度差，农场经营面临细碎化困境，无疑也抬高了农场经营的成本，增加了农场经营的不便程度和辛苦程度。

4.2.4 家庭农场土地流转机制比较

在本书中，家庭农场土地流转存在三种不同的形式：市场机制Ⅰ、市场机制Ⅱ和社区机制。按照理想类型划分法，这三种流转形式对应的是不同的规模经营主体。其中，通过市场机制Ⅰ流转土地的家庭农场主多为返乡创业的农民，通过市场机制Ⅱ流转土地的家庭农场主多为下乡资本，通过社区机制流转土地的家庭农场主多为种地大户。

就社会资本状况而言，通过市场机制Ⅰ流转土地的家庭农场主具有较为丰富的本土社会资本，也具有一定的村社外社会资本。通过市场机制Ⅱ流转土地的家庭农场主具有极为丰富的村社外社会资本，但不具备本土社会资本。通过社区机制流转土地的家庭农场主具有极为丰富的本土社会资本，但村社外社会资本存量少。家庭农场土地流转机制与社会资本状况的比较如表4-1所示。

表 4 - 1　　　　　家庭农场土地流转机制与社会资本状况比较

合约形式	主体来源	村社内社会资本存量	村社外社会资本存量
市场机制Ⅰ	返乡创业农民	中	中
市场机制Ⅱ	下乡资本	弱	强
社区机制	种地大户	强	弱

通过市场机制Ⅰ获取土地资源的家庭农场多为返乡创业型家庭农场，农场具有较好的村社嵌入性。家庭农场主生于斯长于斯，对村社留有感情，在当地拥有丰富的关系资源。土地流转多表现为农场主与农户之间私下流转的过程。为保障投资的稳定性，农场主一般主动要求与农户签订合同。但是在合同有效期内若有返乡农户要回土地，农场主也会以村社内部的情理为准则，协调找到一个和解的途径，如置换地、帮助解决就业等，从而为土地流转留下更多的弹性空间。返乡创业型家庭农场存在较高昂的一次性的初始投资，因此为规避风险，农场一般会控制规模，相对于资本下乡型家庭农场要求整村整组流转土地，返乡创业型家庭农场人地关系更为和谐。如 MM 农场流转的 400 亩土地来自 3 个村民组，每个村民组都只是部分农户将土地流转给了农场，一些愿意种地的农户仍然保留了对土地的经营权。

通过市场机制Ⅱ获取土地资源的家庭农场主要来自下乡资本，农场村社嵌入性弱。由于农户对外来资本不了解，信任度低，土地流转通常需要基层组织介入，在公权力引导下，以农村集体经济组织与下乡资本的谈判为主要途径，在农户与下乡资本之间达成协议。在笔者所了解的资本下乡型家庭农场案例中，村社集体推动土地流转的情况十分普遍。如军村农场，流转土地便是下乡资本与当地村集体商量，由村集体出面召开代表会并说服不愿意流转的农户，村集体认为只要 2/3 的农户同意就可将整组土地流转给下乡资本。在这一过程中，村集体成为资本与土地结合中的重要推动力。这样做的后果是村集体承担了一定的风险，如不愿意流转农户的不满，未流转农户与下乡资本规模经营之间的矛盾，资本败退之后的农户利益保障等。在整村流转的案例中，基层组织在一定程度上成为资本服务的代理人，如代收水电费、代理土地租金发放、协助解决矛盾纠纷，配合资本进行项目申报等，如果处理不当，容易给基层治理带来危机。

通过社区机制流转土地的家庭农场是嵌入村社内部的，农场主一般有较长时间的农业生产经营历史，是由传统的种地大户转化而来，在三种家庭农场类型中村社嵌入性程度最高。种地大户很早就开始流转土地，最初的土地来源有以下几种情况：一是亲戚朋友邻居外出务工后委托经营，二是村集体的土地，三是农户抛荒地。其中，最主要的来源是第一种情况。打工潮促进了人地分离，久而久之，在村庄内部形成了相对稳定的务工群体和扩大规模的传统大户，形成了整个村庄的职业分工。这种职业分工通过非正式土地流转（即不签订书面合同的口头契约）保持了村民之间的关系互动及村社的整体性。调查发现，传统大户与土地流出户之间存在经济之外的关联，传统大户通常需代为照顾留守在家的老人儿童，对整家外出户代为办理相关政策手续如缴纳养老保险、合作医疗等费用；代理部分外出户参与村社人情等。当农户家庭因为各种原因回来种地时，土地也能很容易从传统大户处拿回来。这样形成了附着在土地流转这一经济行为上的道德义务，使得传统大户的土地具有不稳定性，但却从总体上保障了传统大户群体的可持续性，因为这种方式维持了土地流转和人工费用的低成本，从而为传统大户积累资本创造了条件。当传统大户主动升级为家庭农场时，表明传统大户的经营模式已经十分稳定，风险控制合理，存在固定资产的积累。

4.3　家庭农场劳动力资源配置模式

家庭农场作为规模经营主体，虽然政策鼓励夫妻经营式农场发展，但实践中家庭农场普遍存在雇工现象。家庭农场通过口头或正式的雇佣合约建立与受雇农户之间的雇佣关系。在农村劳务市场上，从事规模经营的家庭农场是重要的雇主群体。虽然农业机械化作业极大地促进了资本对劳动的替代，但是家庭农场在农业生产的很多环节依然需要劳动力。如机械作业需要人机配套、蔬菜等劳动密集型作物对人力投入的需求仍然十分显著。由于农业生产的季节性，农村剩余劳动力并不是常年剩余，因此，在农村劳务市场上，既可能存在剩余劳动力难以就业的情况，也可能存在家庭农场等劳动力需求主体无法获得充足劳动力资源的情况。由此，家庭农场的雇佣合约大多数表现为非正式的口头合约，合约期限也是不固定的。但也有少数家庭农场存在稳定的常年雇工，家庭农场与常年雇工之间仍然以非正式的口头合约为主，常年雇工通常按年或按月支付薪酬，而短工则按天计算工资。

在实践中，土地流转合约与雇佣合约并不是两个毫不相关的合约。大多数情况下，雇佣合约是作为土地流转合约的附属性合约而存在的。在土地流转合约中，一般均有关于雇用本地土地转出农户的条款。在劳动力雇用问题上，农业雇工的本土化不仅是出于节省交易成本的考虑，更重要的也是合约双方利益协商的结果。由于不同农场的资源禀赋尤其是本土资源禀赋存在差异，农场劳动力管理模式也存在显著差异。调查发现，家庭农场雇佣模式大致可以归纳为代管模式、企业模式、联合经营、分包模式、家庭模式等几种较为典型的模式。

4.3.1　代管模式

代管模式的主要特征是在农场主农业生产经验有限或精力有限的前提下，基于代管人对田间生产管理的娴熟经验、成熟技术及组织才能，将田间生产管理的大部分职责交给代管人并由代管人负责雇用其他工人。代管模式的典型案例是随州市 HC 农场。

案例 4-6

　　HC 农场流转土地 1600 亩，种植水稻和小麦。农场主张某家里有三口人，分别是本人，妻子及儿子。儿子读大学，农忙时节回家帮忙，妻子负责财务，农场主张某总负责。农场添置了两台旋耕机、两台收割机和一台烘干机，雇用了大量工人。由于农场主务农经验有限且对本地村民不熟悉，因此农场雇了本村较有威望的原大队会计王师傅担任田间生产的总管，雇工及农活安排由他向农场主建议和汇报。王师傅曾是集体时期的农业技术员，接受过专门的农技培训。王师傅在水稻的生长（从 6 月 5 日到 9 月 5 日）时段内，每天都要聘用工人去田间劳动，如清沟、除草、放水、排水、打药等。每天聘请的工人在 20 人左右，女工、男工均是 50 元一天。王师傅每天给农场主汇报雇工人数，农场主按月给工人结算工资。工人并不固定，王师傅在全村范围内喊工，由于愿意做事的老人比较多，喊工并不困难。

　　代管模式中，农场主与雇工之间都是自由选择、自主决策的行为主体，农场主依赖雇工，但是其对雇工的依赖具有时令性，而且在需求的数量上也具有不稳定性，即有时候农场需要大量的劳动力，而有时候农场只需要少数几个劳动力。基于这样一种用工的不确定性，受雇农户往往也是临时性的。因此代管模式下，农场主和雇工的交易是非连续性的。临时性雇工的人群不固定，家庭农场主与雇工之间很容易存在信息不对称，这对农场的经营管理也带来了一定的挑战。而代管正是家庭农场与农户之间信息传达的中介。在实践中，代管多为当地人，尤其是在当地担任过村干部的具有一定管理才能的人。由于代管对当地农户很了解，因而能够识别和筛选勤劳、能干的优质劳力；代管基于丰富的农事经验能有效安排农场活计。但是代管人从本质上说是受雇工人，缺乏剩余索取权，对其的激励明显不足。随州 HC 农场的代管曾因为农场家属对其语言侮辱而罢工数月，农场正常运营受到影响，无奈之下，农场主不得不上门道歉并重新请其出来管理农场诸事，这说明代管模式并不稳定。在激励不足的情况下，代管甚至和工人一起磨洋工，因此，代管模式无法有效保障农业经营的效率，但对缺乏足够本土社会性资源的农场主而言，代管模式是其必然的现实选择。

4.3.2　企业模式

企业模式的主要特征是将雇工职业化，并强调雇工队伍团队建设。企业模式的典型代表是随州市 BX 农场。

案例 4-7

BX 农场流转土地 3000 亩，分布在不同村庄的 5 个片区。农场主肖某雇用了 11 个固定工人管理这 5 个片区，大概 2 个人负责一个片区。这 11 个固定工人中，有 4 个男工、7 个女工。男工的工资为 2 500～3 000 元/月，女工的工资为 1 800～2 000 元/月。工人按照固定时间上下班，农场主每天过问工人基地情况并对生产活动进行安排。田间管理基本上不再另外请短工，主要由这 11 个工人完成。农场主将工人固定化的原因是可以按照企业化的管理方式慢慢培养员工的忠诚度，农场主认为临时工不好监督且急需用人时不一定有人可用，固定工会安心做事，且使用起来灵活方便。农场主将这批固定工人培训成了多面手，他们不仅做田间管理的事，农机操作、农机修理等方面的技术活也可以完成。

企业模式的主要特征是形成了科层制的权威，上班制，正式化。企业模式存在两个主要问题：一是企业在场地、实物资产、人力资产方面的投资均具有专用性，会导致企业对工人的依赖度高，因而企业就会面临敲竹杠风险；二是农场主与雇工之间形成团队合作，但是既可能出现圆满的合作，也可能是敷衍的合作。企业模式下，家庭农场必须为防止农户的事后机会主义行为和敷衍的合作而努力，因而会设计一套完备的企业治理机制和监督考核机制。在生产流程简单、适合标准化控制的劳动中，采用企业模式是可行的，因为此时信息的传递是有效的；而在生产流程复杂、劳动操作灵活、考核困难的劳动作业中，采用企业模式很可能面临信息失真、决策失误以及管理成本高的风险。当然，企业模式也不是一定不适合农业生产劳作。当农场主努力维护声誉并且与农户之间形成利益共享时，农场主与农户之间的合作也较易达成。因此，企业内部能否形成共同利益的理念并促使双方采取合作态度是企业治理成功的关键。

4.3.3 联合经营

联合经营是指农场主同亲戚合伙经营、一个小家庭管理一个片区的经营方式。联合经营的主要优点是能够做到精细化管理，并能够为每个小家庭提供有效激励。联合经营的典型案例是安徽省庐江县 PS 农场。

案例 4-8

PS 农场现经营面积 1 000 多亩，种植水稻和小麦。农场主潘某将自己的两个亲戚也叫来一起从事农场经营。这 1 000 多亩的土地被分为 3 片，一片由一个人负责。农场统一购买生产资料，做出统一的经营决策。3 个小家庭多劳多得，各自负责所管片区，可以独立进行具体的生产经营活动。该农场相当于 3 个小家庭的联合经营。在这种管理模式下，水稻亩均产量在 550 公斤左右。

联合经营即几个家庭的联合生产，但联合经营往往也需要一个统领或做协调性工作的人，这个人是农场的主要负责人。他与农场其他成员之间都很熟悉，并且在对外采购或销售方面能力突出，因此在农场决策中发挥重要作用。联合经营充分发挥了家庭作为基本生产经营单位的优势，调动了各子单元的积极性。家庭之间通过亲属关系等机制实现了及时的沟通和协调，保证了组织内部最基本的信任，同时农场内部也建立了较好的利益共享机制。家庭之间联合生产、联合销售，有助于发挥规模经济效应，从总量上提高收入，降低成本，并且通过分片生产、按劳取酬，分配机制明确，激励效果显著。相较于企业经营，联合经营的优势十分明显，主要体现在联合经营不仅能像企业经营那样获取规模效益，而且通过家庭之间的联合，有效降低了组织内部的信息不对称性，形成有效的激励，极大地降低了组织内部的协调和管理成本。

4.3.4 分包模式

分包模式是指家庭农场将农田生产劳动的活计分包给固定的一批人做。这批工人形成了一定的组织，在"队长"的带领下承接家庭农场的田间活计。分包模式的典型案例是湖北省公安县 WS 农场。

案例 4 – 9

WS 农场流转水田 608 亩，种植水稻和小麦。2013 年，农场主汪某请村干部代为管理。村干部在全村范围内请临时工，致使农场亏损 14 万元。2014 年农场主改请其哥哥负责管理农场，并在村集体协调下改请组织工，即由原来的不稳定零工变为现在的 8 个固定工人，但这 8 个工人并没有固定工资，而是按工作量计算，根据农业生产的具体情况分派任务，一个"工"即为一人一天的劳作量，工资为 100 元/天。这 8 个固定工人由组长组织，都比较尽责。由于管理改善，实现水稻开支与收入基本持平、麦子纯收入 28 万元的效益。

雇工团队作为与家庭农场交易的一方主体，承接家庭农场的生产劳动工作。分包模式形成的主要原因是雇工团队具有强大的讨价还价能力。雇工团队的管理者通过谈判，改变了家庭农场每天请不同的临时工的组织方式。通过召集一批稳定的农业工人，雇工团队允诺亩均产量高于传统的临时工组织方式。家庭农场在与雇工团队的长期互动中，会针对农场所需，对雇工进行一定的技术培训。这样一种雇工团队的劳动组织方式既不同于代管模式，也不同于企业模式。雇工团队相较于代管模式的优势主要体现在农场与雇工团队交易双方都有明显的激励去维护现有的合约形式。对于家庭农场而言，雇工团队的存在能够改变临时工不稳定、管理成本高的问题。而对于雇工团队而言，团队中的每一个成员获得了一份稳定的工作，因此存在稳定的预期以及团队工作中的相互监督，雇工团队能够实现比较好的合作。雇工团队与企业模式的差别在于，家庭农场内部并没有形成科层化、正式化的组织形式，它主要通过服务外包的方式展开生产经营。值得注意的是，雇工团队的谈判力往往来自地方原有的权力结构。如果当地存在明显的权力结构，家庭农场作为一个外来的租地经营者，往往必须依赖这样一种权力结构，而不是去改造它。原因在于，家庭农场利用这样一种权力结构可以极大地降低在雇用中的交易成本，但是这样一种方式也对家庭农场的经营带来了一定的风险，如权力结构内部的相互包庇、监督困难等。总之，分包模式有其优势也有其缺陷。

4.3.5 家庭模式

家庭模式即指家庭农场主要劳动力是家庭成员，雇用一个或少量辅助性雇工的模式。家庭模式的典型案例是安徽省繁昌县 MM 农场。

案例 4 -10

MM 农场流转土地 400 亩，主要种植水稻和小麦。农场主要的劳动力是农场主和父亲，家庭妇女只是辅助性的劳动力。因此，在一些重体力劳动或赶农时的季节，农场仍然需要雇用工人。农场现在有一个比较稳定的短工。此人是农场主的朋友介绍的，来自隔壁村，今年 50 岁。他自己在家里种田，面积小，所以农场在农忙时能够请他过来做事。农闲的时候此人就出去打工了。此人干活不让人操心，所以农场主对他比较信任。农场主在过年过节时会向该短工表达谢意。去年农场主想送他一条香烟，但他没有要。

家庭经营是被证明最适合农业生产经营的一种组织形式。农业生产在时间上的周期性和空间分布上的广泛性致使农业劳动灵活多变而缺少规范，因而难以对农业劳作的绩效进行考核（韩俊，2012），而家庭经营发挥了家庭这一天然的经济共同体在生产合作上的优势，因为家庭是通过血缘和情感纽带连接在一起的，家庭成员基本不会斤斤计较，家庭是最基本的合作单位（林毅夫，1993）。在家庭农场雇工经营的家庭模式下，农场主要劳动力投入来自家庭内部，雇工只是辅助性劳动力。辅助性的农业劳动力可能是固定的某个人或某几个人，也可能是不固定的。对于辅助性临时雇工，家庭农场并不考虑雇工生产中的偷懒问题或其他意外情况，因为家庭劳动力与辅助性劳动力往往共同生产劳作，家庭成员对雇工的监督比较直接，彼此之间的信息交流也很充分，因而雇工偷懒的现象比较少见。

4.3.6 家庭农场劳动力资源配置模式比较

家庭农场雇佣合约中，雇工与农场主的关系存在两种理想类型：制度化关系和情感化关系。这两种理想类型分别代表了雇佣合约关系的两个极端，而实际中的雇工与农场主的关系形成了以这两种类型为端点的连续谱。不同合约类型的关系属性详见图 4 - 1。

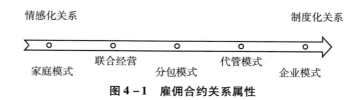

图 4 - 1　雇佣合约关系属性

在以塔尔科特·帕森斯为首的结构功能学派对传统社会与现代社会的区分中，归类了传统社会与现代社会的极端特征。其中，传统社会的极端特征有情感性、义务扩散性、规范特殊性、地位先赋性、利益集体主义；而现代社会的极端特征有情感中立、专一性、规范普遍性、利益个人主义。伴随着全国市场经济的发展和农村市场化的进一步深入，农村社会的关系模式由感性越来越趋向于情感中立。从家庭农场合约类型的关系属性可以看出，情感性关系将越来越让位于情感中立的制度化关系。这也意味着家庭农场的发展将促进农村社会越来越趋向于具有经济理性的"现代社会"，农村社会的特殊性将进一步降低。尽管农村社会的特殊性会进一步降低，但与家庭农场相关的各种要素合约仍然呈现非正规经济的特征，这导致家庭农场合约关系的治理尤为重要。家庭农场合约维系不仅需要更多更合理的制度规范和文本约束，也需要更多的情感投入和身体在场。

由于有限理性和投机问题的存在，合约关系的治理需要面对两大难题：一是合约签订前的信息不对称问题，二是合约的执行问题。就家庭农场的各种合约关系而言，信息不对称在农场主和农户之间是广泛存在的，这进一步对合约的执行带来影响。合约的执行问题主要包括激励组合问题和团队生产中的监督问题。团队生产一般产生在当多个要素所有者利用专业化分工优势减去组织成本、产出大于个别生产者产出之和时（Armen, Alchian and Harold Demsetz, 1972）。团队生产的效率在于设置有效的考核制度和激励制度，从而降低管理成本。不同形式的监控方式将产生不同的管理成本，进而影响组织的效率。关于劳动组织的治理方式所要解决的共同问题均是如何促进合作。这种合作是具有内生激励效果的，即圆满的合作。任何只寄托于规章制度的合作形式（敷衍的合作）都存在监管风险，从组织效率上看，组织是应该尽量回避这种监管风险的。家庭农场存在代管模式、企业模式、联合经营、分包模式、家庭模式等多种雇佣合约类型，这些合约在控制监督成本和提供有效激励方面的效能各不相同。正是因为不同模式下激励与监督不一样，因而家庭农场的组织绩效也会不同。钱德勒通过对各种组织形式的形成、扩散、性质及重要性诸问题的研究，发现组织形式对企业的发展具有重要的促进作用，首次表明经济效率与内部组织是相关的。调研发现，家庭农场经营模式之间的差异也将影响组织的经济效率。

家庭农场组织绩效从亩均雇工投入、亩均产量、亩均利润三个方面考察。亩均雇工投入指1亩土地所投入的雇工个数，计算方法是根据农场请工总数除以农场土地经营规模。农场请工总数根据农场记账所得，若无记账，计算方法是1年雇工开支总额除以当地农业雇工工资的一般水平。亩均产量指1亩土地的水稻产量和小麦产量。亩均利润指不计算土地流转费用的前提下，1亩土地扣除生产成本之后的利润。不同雇工管理模式下家庭农场的组织绩效如表4-2所示。

表4-2　　　　　　　　不同雇工管理模式下家庭农场的组织绩效

雇工管理模式	典型案例	亩均雇工投入（人）	亩均产量（公斤）		亩均利润（元）	
			水稻	小麦	水稻	小麦
代管模式	随州 HC 农场	2.5	400	310	470	430
企业模式	随州 BX 农场	2	500	300	660	540
联合经营	庐江 PS 农场	1.5	550	350	700	510
分包模式	公安 WS 农场	1.2	475	300	600	466
家庭模式	繁昌 MM 农场	0.5	500	200	765	500

资料来源：笔者调研。

由表4-2可以发现，亩均产量最高的是联合经营，亩均利润最高的是家庭模式，即以家庭劳动力投入为主兼辅助性稳定雇工。为什么联合经营可以实现亩均产量最大化，而家庭模式能够实现亩均利润最大化呢？

联合经营是家庭之间的合作经营，它设置了足够的激励，充分发挥了家庭这一基本生产单位的优越性，规避了其他经营模式所带来的监督难题和监督成本。如多劳多得的原则充分调动了家庭的积极性，各家庭对自己负责的土地拥有剩余控制权和剩余索取权，家庭成员之间不需要监督。此外，联合经营基于家庭之间的合作，在产前、产中、产后等环节均能产生相较于单纯家庭模式更好的规模经济效益，降低新技术采用的成本，实现亩均产量最大化。

　　家庭模式能够实现亩均利润最大化的重要原因是家庭内部劳动力投入是不计成本的。从表 4 - 2 中可以发现，家庭模式雇工数量是最少的。家庭模式一方面能够实现精细化管理提升产量，另一方面能控制雇工成本，虽然此种模式下的亩均产量不是最高的，但是它可以实现亩均产量与雇工成本之间的均衡，因而实现利润最大化。随州河村农场的亩均利润最低，其原因正是它采用了大量的临时性雇工。河村农场的农场主缺乏农业生产经营管理的经验，请了一个经验丰富的代管，不仅存在对临时工的监督问题，也存在对代管的信任问题。

　　家庭农场是追求利润最大化的组织，因此亩均利润最大化是农场最根本的利益所在。而亩均利润既与亩均产量有关，也与管理成本有关。提升产量与控制成本是家庭农场发展的核心问题。在技术一定的条件下，农场雇工进行精细化耕作有助于提升产量，而雇工数量太多又会带来管理成本上升和监督难题。总而言之，上述家庭农场的雇工经营模式充分展现了雇工经营的管理复杂性及其绩效差异。这对家庭农场的运作具有一定的借鉴意义，农场创办者要充分尊重这种复杂性，在创办之初不能一味求大。

4.4　嵌入村社：家庭农场资源获取的关键机制

　　卡尔·波兰尼（2013）在《巨变：当代政治与经济的起源》中指出经济活动往往靠非经济机制维系，因此市场的发展"嵌入"在社会之中。经济系统是社会的有机组成部分，经济是附属于社会的。格兰诺维特（1985）发展了波兰尼的嵌入性思想，指出社会关系和社会网络对个体经济行为产生重要影响，经济生活始终嵌入在与之相关的社会结构之中。社会网络为经济行为提供信任和资源，实际上也构成了个体的一大资本类型——社会资本。林南（Lin N，2001）运用嵌入性理论有关思想，指出社会资本是嵌入在社会关系网络中的被获取的资源。社会资本植根于社会关系中，社会关系会促进或者约束行动者对资源的获取和使用。因此个体社会关系网络实际上构成了个体行为的结构约束或者机会。社会网络代表着正式性较弱的社会结构，个体行为（包括经济活动）嵌入多重网络结构之中，受结构制约，但同时也产生有利于行为的资源以帮助行动者实现行动目标。

嵌入村社主要指家庭农场的生成与发展受村庄社会结构的制约，以熟人社会内部的关系互动积累社会关系网络资源，并以此回馈家庭农场土地资源获取和劳动力资源获取。作为以血缘和地缘关系而构建的共同体，村庄虽然在市场思潮的冲击下有所衰落，但与陌生人构成的城市社区相比，村庄仍然是一个熟人社会载体，不断生产信任与合作，不断集聚村庄社会资本。村社嵌入性反映了家庭农场村庄社会资本的多少，也由此区分了家庭农场不同的生成路径。

4.4.1 嵌入村社与家庭农场土地资源获取

家庭农场对村社的嵌入与家庭农场土地资源获取存在天然的亲和性。通过市场机制Ⅰ获取土地资源的家庭农场通常是返乡创业农户，农场主在村庄内具有原生性社会关系网络，但因其引入市场观念，出于长期投资的需要，一般和农户签订正式土地流转协议。此类型的家庭农场在土地流转和生产经营开展的过程中并不需要借助村两委的力量，在流转农户土地和开展经营活动中均动用自身的社会关系网络。典型案例是繁昌县 MM 农场。通过市场机制Ⅱ获取土地资源的家庭农场多为下乡资本，农场主不具有本土性社会关系网络，在流转土地和具体经营活动展开中必须依靠村两委的支持，村两委的服务能够极大地节省农场与分散农户打交道的交易成本。此种类型的家庭农场不为农户熟悉和理解，难以动用熟人社会内部资源，组织生产的成本相对高昂。典型案例是宁津县 HQ 农场。通过社区机制获取土地资源的家庭农场多由传统种地大户转化而来，这些大户拥有多年的种地经验，积累了相对稳定的土地资源，其土地主要来自亲戚、邻居、朋友等，流转期限不固定，因而他们之间并不会签订正式土地流转合约。此种家庭农场充分动用了熟人社会内部关系网络资源，其行为遵循社区内部自发形成的伦理规则与道义要求，推动了共同体秩序的再生产。典型案例是襄阳市 ZD 农场。

若将家庭农场土地资源获取方式和村社嵌入性状况做一个比较，可以发现返乡创业农户主要以市场机制Ⅰ的方式获取土地资源，其对村庄社会的嵌入程度高于资本下乡型家庭农场，但弱于传统大户升级型家庭农场。家庭农场村社嵌入性与土地资源获取关系见表 4 - 3。

表 4 - 3　　　　　　　家庭农场村社嵌入性与土地资源获取关系

主体来源	村社嵌入性	土地资源获取方式
返乡创业农户	中	市场机制Ⅰ
下乡资本	弱	市场机制Ⅱ
传统大户	强	社区机制

家庭农场村社嵌入性不仅与土地流转机制存在一定的对应关系，也对土地流转价格发挥一定的影响。土地流转价格是家庭农场主最为关注的问题之一，其形成与多种因素有关。在古典经济学中，威廉·配第（1978）提出地租是土地耕种者的收获除去成本之后的剩余。亚当·斯密（2009）则提出地租是一种垄断价格，这种垄断价格的形成是基于土地所有者对土地所有权的垄断，此外地租也受到一些技术条件的影响，如土地肥力、地理位置、土地用途和土地供求关系等。针对家庭农场的调查结果显示，同等条件下的土地，北方麦作区的土地租金要高于南方稻作区的土地租金，主要原因在于小麦的耕种相较于水稻更为简单，基本上可以实现全程机械化，因此能够控制成本。同等条件下，种植经济作物比种植传统粮食作物的土地租金要高，因为经济作物的利润要远高于粮食作物，且经济作物的种植对地力的消耗更为严重。同等条件下，地块整合良好、水电路条件良好的土地，其租金要高于地块零散、水电路条件差的土地。除了上述客观影响地租的因素之外，地租还可能受到社会因素的影响，包括来自政府、基层组织和农户等方面的影响村民的"自己人"观念以及由此构建的乡土伦理规范在土地规模流转中发挥影响，如促使地租更多地惠及"自己人"（田先红、陈玲，2013）。

村社嵌入性本质上反映的是家庭农场与村庄内农户的关系。农场主是否是"自己人"将深刻影响农场与农户之间关于地租问题的协商谈判。资本下乡型家庭农场来自村庄熟人社会之外，嵌入性弱，意味着与农户之间缺乏信任，土地流转的交易费用高，土地租金也最高，如 HQ 农场的地租达到了 1100 元/亩，农场经营蔬菜等经济作物。若资本下乡型家庭农场经营粮食作物，则粮食经营的利润极难支撑这一租金水平。返乡创业型家庭农场土地流转比较规范，由于是熟人社会内部的流转，农户不会像对待下乡资本那样坐地起价，因此土地流转价格比资本下乡型家庭农场低。土地流转中价格最低的是传统大户升级型家庭农场，如 ZD 家庭农场就以 100 元/亩的价格甚至零租金的方式获得土地。传统大户进入规模经营的时间早，其土地规模往往逐年扩大并具有一定的伸缩性，因此其土地流转与村庄内的劳动力转移相适应，是农户生计安排的附属品。这样的土地流转对农户的影响较小，价格自然较低。建立在渐进性土地流转基础上的传统大户由于较低的土地流转租金因而能积累资本，抵御风险，发展壮大。典型家庭农场村社嵌入性与土地流转价格如表 4-4 所示。

表 4-4　　　　　　　　典型家庭农场村社嵌入性与土地流转价格

类型	案例	村社嵌入性	地租	土地规模	合同期限
市场机制 II （资本下乡型）	HQ 农场	弱	1 100 元/亩	580 亩	10 年
市场机制 I （返乡创业型）	MM 农场	中	200 公斤稻谷/亩	400 亩	10 年
社区机制 （大户升级型）	ZD 农场	强	100～180 元/亩	170 亩	不定

4.4.2　嵌入村社与家庭农场人力资源获取

家庭农场获取劳动力资源及组织劳动生产的模式体现了对村庄关系网络嵌入的重要性。资本下乡型家庭农场家庭劳动力投入少，管理者主要是农场主及合伙人，他们均不具备农业生产经营管理的经验，农场具体田间生产主要通过雇工完成。由于村社嵌入性弱，资本下乡型家庭农场必须依靠本地代理人完成雇工、田间管理等基本生产活动。本地代管通常是曾经的村干部或小组长等具有一定公共身份的村民，因为这些村民在村社中的关系嵌入性显著高于普通村民。

返乡创业型家庭农场以夫妻 2 人共同经营的为多，农场规模决定是否雇用常年雇工。在所调查的案例中，经营粮食面积超过 300 亩的农场均会请一个比较固定的工人。和短期雇工不同，常年雇工常常是外地人或本村亲戚。其逻辑在于外地常年雇工在当地没有什么关系，可以安心在农场做事，本地亲戚则因为是"自己人"从而可以减少很多治理成本。常年雇工若是本地人则通常要照顾家小，农场主碍于情面也不得不让常年雇工回家，从而影响农场工作。短期雇请本地村民是对"一方水土养育一方人"的村社传统准则的遵守，也是维系日常互动和良好关系所必须具备的义利观。由此可见，返乡创业型家庭农场在村社内不仅自身拥有较好的关系嵌入性，在组织人力资源时也充分考虑了关系嵌入性的影响。

传统大户升级型家庭农场劳动力投入主要以夫妻为主，无常年雇工，根据经营规模和家庭成员分工决定本地短期雇工的规模。传统大户升级型家庭农场由于具有高度村社嵌入性，不仅采用市场化方式获取短期雇工，也利用人情互惠等方式交换用工。如一些家庭农场拥有一大批机械设备，通过平时为周边分散的小农户帮忙，以换取在雇工紧张的农忙时节顺利换工或雇到工人。

村社嵌入性不仅影响农场以何种方式雇用工人，也进一步影响农场经营管理模式。当组织内部存在明确的职能分工时，要保证组织的运作效率，就要处理好组织内部的管理问题（周雪光，2003）。家庭农场的管理效率主要来自采取怎样的监督与激励机制，当家庭农场能够很好地实施监督与激励时，这样的家庭农场被认为具备良好的管理效率。

资本下乡型家庭农场采用代管模式进行管理，下乡资本要依靠代管在本地立足，所以他们会十分注意建立和维系与代管的关系。此外，资本下乡型家庭农场往往会设置一定的激励机制调动代管的积极性，激发代管的责任心。激励机制主要有超产奖励和面子竞争等主要形式。超产奖励主要是对超过规定产量之外的产量实行奖励，面子竞争则是农场主充分利用代管人之间的面子观念，激发他们之间的竞争意识，从而促进代管更好地行使代理职责。

案例 4 – 11

LS 农场的基地目前采用分片负责制，基地共分成 4 片，雇用了 4 个队长，队长是脱产的，负责管理。他们均是通过村里推荐且由农场主吴某考察后决定的任用人员。这4个队长的共同特点是家里劳动力不多，做事认真，有一点管理能力。农场主在传统三大节日（端午、中秋和春节）都要给队长送礼，平时队长家里有事还得随礼。农场与队长的合同一年一签，每年受雇时间为7个月。每月工资为3500元，要求产量不低于500公斤/亩，超过部分按1.2元/500克×20%的标准奖励。临时性雇工交由队长负责，给他们每亩100元的预算去雇工（按现在1亩地需雇用1.5个工，价格大概是90元），这个预算由队长支配，超过预算的用工如果合理就批准，若没有超过预算，多余部分就归队长所得。此外，这4个队长均是当地的老农民，讲究面子，会有"别人能做好，为什么自己不能做好"的想法，这种面子竞争也有助于调动代管的积极性。

资本与代管处理好关系并不意味着农场内部的监督问题得到了很好的解决。资本下乡型家庭农场存在多重监督问题。资本对代管的监督主要由激励机制替代，然而代管对短工的监督则存在很大的"漏洞"：由于资本的村社嵌入性弱，本地代管在衡量资本与本地雇工时，往往会将天平倾向本地雇工这边，对干活的本地雇工睁一只眼闭一只眼，二者合谋，共同从下乡资本那里获得好处。本地雇工干一天活有一天工资，生产积极性断然没有在自家田间生产时高，这一点也已经被历史经验所证明（罗必良，2000）；而农业生产的自然规律又迫使资本和代管难以对本地雇工劳动质量实施有效监督，"道德风险"在资本下乡型家庭农场中表现明显（孙新华，2013）。由于内部监督问题难以解决，资本下乡型家庭农场管理上的效率损失是不可避免的。监督机制的漏洞在现实中表现为多重道德风险的出现。

案例 4-12

LS农场在水稻田间管理期间（水稻的生长周期从6月5日到9月5日）几乎每天都要派人去田间劳动，如清沟、除草、放水、排水、打药等，然而工人出工不出力，如果采用固定工资，工人就会"磨洋工"，除草不除根等，如果采用计件工资，工人在打药时就会只追求打药的桶数，而不会关注药是否打得均匀、用药是否得当等问题。在资本下乡型家庭农场雇工模式中，农户充分展现了理性经济人追求个体利益最大化的这一特征。

返乡创业型家庭农场对雇工的监督并不需额外费心，因为雇工通常都是本村熟人，相互之间知根知底，讲究情面，雇工不会主观上有意偷懒；而且，农场主往往也与雇工一起劳动，雇工是否偷懒一目了然，进而从客观上限制了雇工偷懒行为。若农场内部使用常年雇工，农场主解决监督问题的主要方式是借助日常的人情互动将其内部化为自己人，同吃同住同劳动，让其成为家庭不可或缺的帮手。

案例 4 –13

MM 农场的主要劳动力是农场主和其父亲，妻子不参与具体的生产劳动。农场雇请一个朋友介绍的稳定的短工，来自外村，今年 50 岁，他自己家里种较少的田，农场请他帮忙，能操作机械也能下田干活。平时和他关系处理得较好，在言语行为方面，都将其当作家人相处，他觉得受到尊重，干活也会让人放心。

传统大户升级型家庭农场一般以本村民组内的土地为核心基地，其雇工往往也来自村民组这一熟人社会内部，农业生产经营过程中人为偷懒和破坏的现象少见。传统大户升级型家庭农场临时雇工也形成了相对稳定的模式：一是优先雇用土地流出户在家的闲置劳动力，二是雇用吃苦耐劳的村民，三是农忙时节不加选择性地雇工。这样的雇工模式充分照顾了农户家庭的生计资本和收入状况，有利于防止贫富分化，增强村庄内部凝聚力。传统大户升级型家庭农场解决监督问题的主要方式是与其共同劳动，关键性的生产操作由自己控制，雇工只在生产劳动中起辅助性作用。家庭农场主亲自参加劳动，可以有效控制农活质量。

案例 4 –14

ZW 家庭农场现在有一批较为稳定的临时性雇工队伍，以本组女性居多，年龄都在 50 岁以上。2014 年共有 17 位农民被雇用，他们参加了农业不同环节的生产劳动，一年下来，他们的劳作次数不同，所获报酬也有差别。农场主王某在关键生产环节亲力亲为，如泡种、播种、施药。为了避免劳力支出和监管问题，王某一直致力于提高农场机械化率，如打药环节的机械化，通过三人配合，其中雇用两人为其牵管子，药物喷洒到作物上的这一关键操作则是自己控制。通过机械替代劳动、家庭成员操作机械、雇工辅助的模式，ZW 家庭农场的规模持续扩大。

从对生产环节的控制来看，传统大户升级型家庭农场因为家庭劳动力的投入，控制力最强；返乡创业型家庭农场次之，控制力最弱的是资本下乡型家庭农场。从解决监督问题的角度看家庭农场管理效率则可以发现，资本下乡型家庭农场由于内部存在道德风险，管理效率要明显低于返乡创业型家庭农场和传统大户升级型家庭农场。

4.4.3　进一步讨论

通过对家庭农场村社嵌入性和资源获取能力的分析可以发现，第一，资本下乡型家庭农场村社嵌入性弱，获取资源的成本高昂。资本下乡型家庭农场由于与农户之间缺乏信任，土地流转的交易费用高；在获取人力资源和农场管理方面，存在较为突出的委托代理问题和监督问题。其可持续性发展的关键在于两个方面，一方面是通过与本地代管的关系互动以及对代管关系网络的嵌入缓慢进入村庄并被村庄接纳，以此降低农民的"反抗"及经营管理成本，另一方面是尽量经营附加值高的经济作物而不是传统粮食作物以提高经营收益。第二，返乡创业型家庭农场表现出较强的生命力，返乡创业型家庭农场具有本土优势，并且具有较好的资本实力和开阔的视野，也能较好地领悟和理解政府政策，有助于新技术的引进采用和农业生产模式创新，对农村社会结构和社会网络的冲击力小，其发展过程为农村社会注入了新的活力。因此，返乡创业型家庭农场在对接村庄、政府与市场方面都表现出了较好的适应性。第三，传统大户升级型家庭农场村社嵌入性强，获取资源的成本低廉。传统大户升级型家庭农场土地流转的交易费用低，在人力资源管理上具有效率优势，但在获取外部市场信息和与政府对接方面没有返乡创业型家庭农场灵敏。返乡创业型家庭农场与传统大户升级型家庭农场在土地资源获取与劳动力资源获取过程中，均借助了其在村庄内的关系网络资源，这在一定程度上化解了他们在经济资本上相对于资本下乡型农场的不足。这一发展方式是村庄关系网络运作的结果，同时也不断再生产了这一关系网络资源。

日本在探索规模经营的过程中，始终面临着离农人数增加的同时不愿意放弃土地的高龄农户不断增加的现实，他们一直期望从传统大户中产生耕种大户，对外来资本进入农业实行严格的审查制度，并且将农村振兴纳入国家农业政策体系。这说明农业政策应追求经济效益与社会发展的统一。中国培育家庭农场也应追求经济社会效益的统一，而不是任由农场发展消灭村庄以及村庄内的小农户。家庭农场的实践也表明，在小农户还大量存在的中国农村，村庄关系网络仍然是其资源获取的关键机制。相较于资本下乡型家庭农场，返乡创业型家庭农场与传统大户升级型家庭农场均较好地动员了这一关系网络资源，并以此增进了农村社区发展的活力。从资源控制能力和农村社会稳定发展的角度看，家庭农场培育也应节制资本，合理引导资本下乡，严格审查外来资本进入农业，以此引导家庭农场更好地嵌入村庄社会，实现农业经济与农村社区的共同繁荣。

第 5 章　家庭农场经营规模：多重网络嵌入下的选择

土地与劳动力资源获取是家庭农场发展的关键，家庭农场资源获取行为彰显了对村社内部关系网络嵌入的重要性。经营规模是家庭农场发展中的另一个核心问题，其经营规模的选择不仅取决于经济资本的大小，也与其社会资本有关。与家庭农场资源获取行为主要发生于村庄场域内部进而受制于村社内关系网络资本不同，家庭农场经营规模还与政府政策导向及其关系互动、市场网络资源等因素有关。因此家庭农场经营规模的选择表现出对政策支持网络、市场互动网络、村社关系网络的多重嵌入。

5.1　经营规模：家庭农场发展的核心问题

中国农业问题产生的部分原因在于农业经营规模过小。随着工业化、城镇化的推进，农民工数量达到 2.6 亿，平均每户就有一个非农劳动力，农业兼业化越来越明显（张红宇，2014）。国家财政高度补贴兼业农户，导致小规模经营长期滞留，影响中国农产品竞争力，形成"国货入库，洋货入市"的不可持续的农业发展格局（何秀荣，2016）。适度规模经营成为化解中国农业问题、促进农业现代化的一个重要途径。就目前阶段而言，适度规模经营的主要困难不是规模太大而出现的效率损失，而是体现在如何改变分散小规模经营的现状，扩大土地经营规模。对于拥有不同经营规模的新型农业经营主体而言，哪些因素决定了他们规模选择的差异呢？随着支持合作社、家庭农场、种植大户等新型农业经营主体政策的推行，从事规模经营的农场发展迅速，农场规模问题成为讨论的热点问题，而基于中国人多地少的现实，农场规模问题主要是土地经营规模问题。

适度规模经营要改变分散小农户的经营现状，在技术上和经济上实现规模效益。技术视角下的适度规模经营主要是为了求取最佳技术效率，而经济视角下的适度规模经营主要是为求取最佳经济效益或最大经济效率。部分学者从技术角度讨论土地经营规模问题，如王启善认为土地规模经营要有相应的技术服务（如机械化）做支撑（王启善，1998），李忠国指出在所有发达国家和部分发展中国家，农场主的经营规模都随农业生产力发展水平的提高而逐步扩大（李忠国，2005）。但更多的学者从经济视角解读土地规模经营。林善浪认为推进农地规模经营要以劳动力的转移、耕地流转市场化和提高农业比较利益为前提（林善浪，2005）。规模经济的获得可从内外部两个方面来看，内部规模经济的获取途径有扩大土地面积、零散土地整改、生产要素投入同比例扩大等；外部规模经济的获取途径主要是直接生产过程之外的公共设施、市场积聚、产业关联等因素（蔡昉、李周，1990）。克服农地小规模经营弊端，扩大农地经营规模获取规模经济效益构成了我国实行农地规模经营的逻辑起点（黄季焜、马恒运，2000）。农民是理性经济人，当土地流转的预期收益高于成本时，土地规模化经营的动力越强（王力，2012）。土地经营规模扩大到一定程度，即边际收益与边际成本相等时，其规模水平就被决定了（陈欣欣、史清华、蒋伟峰，2000）。

然而，扩大土地经营规模或者农场规模的选择并不是只由技术或者经济条件决定的。许多地区规模经营发展的实践表明，同一地区同一经济条件下的农场之间规模选择存在明显的差异。区别于既有研究从技术视角和经济视角对农场规模大小的解读，本章主要从社会网络视角出发，研究农场规模选择与农场主社会关系网络之间的相关问题。

5.2 分析框架

根据嵌入性理论的逻辑，国家、市场与村社是家庭农场发展的位置资源①，国家、市场与村社处在不同的结构位置，嵌入在位置中的资源不会因占据者的改变而改变。结构位置资源在多大程度上发挥作用与行动者社会网络构建有关，因为位置资源常在个人与个人的互动中被代入。因此，农场主社会关系网络即是对国家、市场与村社位置资源的结构性嵌入。国家、市场与村社结构位置资源是一定的，但因为农场主关系网络不同，农场嵌入国家、市场与村社结构的程度也不同，因而农场主从国家、市场与村社获得的支持度各有差异。农场主在国家、市场与村社三方面获得的支持都将影响农场资源获取行为，进而对农场规模选择产生影响。一般而言，农场在国家、市场与村社结构中的嵌入程度越高意味着农场获取内外部资源的难度越小，因此农场越倾向于从事更大规模的经营。不少学者已经论述了来自国家政策结构、市场结构和村社结构的位置资源对农场发展特别是农场资源获取行为产生的重要影响。

国家政策结构位置资源及其对农场发展的影响。嵌入在国家政策结构位置中的资源主要包括项目资源和贷款资金。农场在经营初期的投入集中，资金需求较大，在农田基础设施改造和固定资产投入等方面既需要政府在政策或项目上给予支持，也需要金融贷款支持。资本要素扩张是农场成长的关键（汪上、刘慧娟、李宝礼，2013）。政府给予农场相关农业项目，既能引导农场发展方向，又能弥补农场资金短缺的局面（董亚珍、鲍海军，2009）。农场开展规模经营需要投入小农户远不可企及的资金资本、物质资本等要素，且农业经营遭遇的市场风险和自然风险较其他行业更高（高帆、张文景，2013），因此金融政策在农场发展中也尤为重要。

---

① 位置资源主要是指嵌入宏观结构中的资源，资源依附在位置上，不因占据者的改变而改变，资源的存在保障了结构的稳定。结构存在纵向结构和横向结构，因此有些资源是呈纵向等级状态分布的，而有些资源是呈横向水平状态分布的。位置资源的获得除了占据位置之外还有一种重要的方式——社会网络。不同的位置资源都将在个人与个人的交往网络中代入。关于位置资源的更多讨论详见 Lin，N. SocialCapital：A theory of social capital and action［M］. London：Cambridge University Press，2001.

市场结构位置资源及其对农场发展的影响。区别于农户小规模经营，从事适度规模经营的农场经济是完全面向市场的经营行为。农场是一体化组织，在采购、生产、加工等方面呈现一体化态势，因此农场主拥有采购活动网络、技术交流网络和营销网络等多重网络（孙捷、张保林，2014）。这些网络为农场发展提供必不可少的信息和资源，使农场的经营活动在瞬息万变和高度竞争的市场中持续下去。农场发展促进了土地、资本、劳动力等要素的集聚，加强了与产供销主体间的互动。农场与外部供销主体之间的互动主要是为了降低生产资料成本，提高农产品销售价格。而农场与农场之间的同行合作则是为了提高农场主与外部供销主体间的谈判能力。与此同时，农场发展需要技术服务支撑，然而基层农技推广服务并不能满足农场需求（魏琪嘉，2013），因此与高校等科研院所的技术合作对农场而言也尤为重要。

村社结构位置资源及其对农场发展的影响。农场发展需要村社支持。农场规模经营以土地为载体，而土地来自村社中的农户和集体经济组织。因此，普通农户与集体经济组织是农场发展不可回避的村社互动主体。农场主与村民和村干部的关系网络成为制约农场获取村社结构位置资源的主要因素。与外来者经营的农场相比，本土农场在基于地缘和血缘的村社内部关系网络上具有明显的优势，能够解决在流转土地和雇工中的信息不对称，达到降低交易成本的目的。舒尔茨（1999）在《改造传统农业》一书中也提出鼓励在地化农场发展的建议，与居住在非本地的农场相比，居住在本地的农场主具有更加稳定的合约形式。经营者的本地人特征意味着经营者具有基于地缘关系的社会网络，从而与本地村民之间产生信任与社区认同感，正向影响规模经营的开展（钟真、谭玥琳、穆娜娜，2014）。

由此可见，国家、市场与村社是农场发展面对的主要结构性力量。这些结构性力量在微观层面表现为农场主与上述各相关主体间的社会关系网络。为此，本章构建家庭农场规模选择的理论分析框架，如图 5－1 所示。以研究现阶段农场在国家、市场与村社结构中的嵌入状态，实践中农场主的社会关系网络对农场资源获取的影响，以及哪种影响最重要。

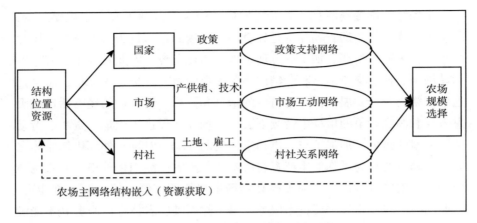

图 5 - 1　农场规模选择的理论分析框架

5.3　数据来源与研究设计

5.3.1　数据来源

本章所用数据来自家庭农场实地问卷调查搜集的数据。该调查的主要内容涉及农场基本情况、经营管理、关系网络与发展预期等方面。所用问卷数据来自湖北省鄂州市（35 份）、湖北省十堰市（40 份）以及山东省宁津县（36 份）三个地区。鄂州市的调研工作于 2015 年 6 月进行，十堰市的调研工作于 2015 年 9 月进行，宁津县的调研工作于 2015 年 8 月进行。在根据所调查地区家庭农场名单随机抽样后，调查员对所抽取农场的农场主进行问卷调查。为保障问卷质量，每个问题由调查员向农场主陈述清楚后（将众多书面用语转化成口头用语），再根据农场主的回答表述做出相应选择。本次调查共收集 111 份问卷，根据研究需要，剔除 7 份填答不全的问卷，共获得有效问卷 104 份。

受访农场主以男性为主，占比为 92.8%；年龄主要分布在 41～50 岁。多数农场主为农场所在地村民，占比为 72.1%。农场主文化程度分布如下：小学文化程度占比为 2.7%，初中文化程度占比为 41.4%，高中文化程度占比为 41.4%，大专及以上占比为 14.4%。农场经营平均年限为 5.9

年，经营农场年限 3 年以下的占比为 47.7%，4 ~ 10 年的占比为 38.3%，11 ~ 20 年的占比为 8.4%，21 年以上的占比为 5.6%。[①]

5.3.2　模型选择

研究主要探讨农场主多维网络结构嵌入与农场规模选择的关系，因此，农场规模选择是研究的被解释变量。本书将农场规模区分为由小到大的 5 种类型：50 亩以下，50 ~ 100 亩，100 ~ 300 亩，300 ~ 1 000 亩，1 000 亩以上。因此农场规模选择是多分类且有序的变量。若研究不同影响因素（解释变量）对有序多分类变量（被解释变量）的效应，可采用多项有序回归分析方法。在各类别的概率分布大致均匀的情况下，一般采用 Logit 连接函数。设被解释变量有 k 个分类，建立 $k-1$ 个广义发生比模型：

$$\text{Logit}_{k-1} = \ln\left(\frac{\pi_1 + \pi_2 + \cdots + \pi_{k-1}}{1 - \pi_1 - \pi_2 - \cdots - \pi_{k-1}}\right) = \beta_0^{k-1} + \sum_{i=1}^{p} \beta \chi_i \quad (5-1)$$

式（5 - 1）中，π_1，π_2，$\cdots$，π_k 分别表示各分类的概率，β_0 表示截距。式（5 - 1）表示当其他解释变量不变时，解释变量 χ_i 每增加 1 个单位，将引起该分类概率的 Logit 值增加（或减少）β_i 个单位。

5.3.3　变量选择

1. 被解释变量：农场规模选择

通过对农场问卷数据的描述性统计分析，发现农场规模集中分布在 300 亩以下，占调查样本总数的 72.1%。在各经营面积类别中，土地面积在 100 ~ 300 亩的农场占比最大，为 34.6%；其次为 50 亩以下，占比 24%；再次为 300 ~ 1 000 亩，占比 22.1%；最后是 50 ~ 100 亩和 1 000 亩以上的农场，分别占比 13.5% 和 5.8%。农场规模的分布如表 5 - 1 所示。

---

① 资料来源：笔者调研。

表 5 - 1　　　　　　　　　　　农场规模分布

农场规模	50 亩以下	50 ~ 100 亩	100 ~ 300 亩	300 ~ 1 000 亩	1 000 亩以上
频数（个）	25	14	36	23	6
百分比（%）	24	13.5	34.6	22.1	5.8

资料来源：笔者调研。

2. 解释变量：关系网络

问卷共设计了 21 个变量（评分项目）来测量农场主的关系网络，农场主根据实际情况给出测量分值。其中，1 表示完全不符合，2 表示不太符合，3 表示一般，4 表示比较符合，5 表示完全符合。这 21 个变量之间存在较强的相关关系。因此，需要利用因子分析的方法从中提取几个能够反映某些变量共同特性的较少的公共因子。在进行因子分析前，对原有反映关系网络的 21 个变量是否相关做巴特利特球度检验和 KMO 检验。检验结果显示，KMO 值为 0.733，巴特利特球度检验的近似卡方值为 1 554.436，自由度为 210，显著性水平为 0.000，小于给定的显著性水平 0.05，因此原有 21 个变量适合做因子分析。因子分析的结果如表 5 - 2 所示。

表 5 - 2　　　　　　经方差最大正交旋转后的因子载荷系数

评分项目	成分				
	1	2	3	4	5
E1 与政府有关系	0.822	0.233	0.116	0.124	0.118
E2 能获政府支持	0.794	0.200	0.207	0.133	0.116
E3 与工商部门有关系	0.772	0.064	0.195	0.103	-0.038
E4 工商部门帮忙解决麻烦	0.718	0.087	-0.099	0.237	0.212
E5 与金融机构有关系	0.715	0.193	-0.091	0.102	0.205
E6 能获金融支持	0.568	0.052	0.379	0.222	0.037
E7 与供应商有关系	0.000	0.876	0.101	0.167	0.165
E8 能获供应商支持	-0.019	0.813	0.145	0.186	0.209
E9 与收购商有关系	0.409	0.740	0.026	-0.130	-0.147

续表

评分项目	成分				
	1	2	3	4	5
E10 能获收购商支持	0.371	0.693	0.076	−0.009	−0.140
E11 与同行维系很好关系	0.422	0.567	0.054	0.000	−0.237
E12 能获同行支持	0.525	0.542	0.147	−0.002	−0.233
E13 在村民中有良好声誉	0.174	0.042	0.876	0.035	0.074
E14 土地流转更容易	0.109	0.094	0.866	0.027	0.061
E15 雇工更容易	−0.013	0.042	0.712	−0.094	0.292
E16 与雇工关系良好	0.115	0.058	0.663	−0.014	0.415
E17 雇工能尽职工作	0.036	0.394	0.594	0.120	0.074
E18 与高校或科研机构关系良好	0.247	0.097	0.030	0.919	0.006
E19 能获高校或科研机构技术支持	0.293	0.084	0.008	0.916	−0.029
E20 与村干部维系很好的关系	0.139	0.003	0.336	−0.025	0.757
E21 能获村干部支持	0.240	−0.063	0.350	0.018	0.734
新因子命名因子	政策支持网	供销互动网	村民关系网	技术互动网	村干部关系网
特征值	4.292	3.408	3.372	1.949	1.723
方差贡献率（%）	20.437	16.227	16.058	9.279	8.206
方差累计贡献率（%）	20.437	36.664	52.722	62.001	70.207

因子主成分分析中，按照初始特征值大于 1 的条件提取变量，使因子个数小于原有变量。为使因子具有命名解释性，采用方差最大法对因子载荷矩阵实施正交旋转，改变各因子的方差贡献，最后得到 5 个公因子，分别被命名为政策支持网、供销互动网、村民关系网、技术互动网和村干部支持网。政策支持网是农场主与政府部门和金融机构的关系网络，供销互动网是农场主与供销及同行主体间的关系网络，村民关系网是农场主与流转地村民间的关系网络，技术互动网是农场主与高校、科研院所之间的关系网络，村干部关系网是农场主与流转地村干部间的关系网络。5 个公因子的累计方差贡献率达到 70.207%，表明 5 个公因子能够在很大程度上替

代原来的 21 个变量并用来解释关系网络的主要内容。

上述 5 个公因子的提取表示社会关系网络被划分成了 5 个维度，其划分是有意义的。社会关系网络的类型划分与研究目的有关。本章主要考察农场主在国家结构、市场结构和村社结构的网络嵌入状况对农场规模选择的影响，以农场主为中心的社会关系网络体现了农场在国家、市场、村社的结构性嵌入状况。其中，政策支持网代表了农场在国家政策结构中的网络嵌入状况，供销互动网和技术互动网代表了农场在市场结构中的网络嵌入状况，村民关系网和村干部关系网代表了农场在村社结构中的网络嵌入状况。

在提取公因子的同时，以因子得分系数为权重，分别计算各因子得分；以各因子方差贡献率为权重，计算社会关系网络综合得分。农场主关系网络各因子以及综合得分的描述性统计如表 5 – 3 所示。

表 5 – 3　　　农场主关系网络各因子以及综合得分的描述性统计

项目	有效样本	均值	标准差
政策支持网	104	2.011	1.321
供销互动网	104	3.560	1.211
村民互动网	104	3.727	1.251
技术关系网	104	2.013	1.426
村干部关系网	104	2.460	1.055
关系网络综合得分	104	1.976	0.414

结果显示，农场主关系网络综合得分是 1.976，表明农场所获关系网络支持度很低。对于构成关系网络的 5 个公因子，村民关系网给予农场的支持度最高，达到 3.727，介于"一般"和"比较符合"之间；供销互动网次之（3.560），也在符合之列。政策支持网、技术互动网和村干部关系网均在"一般"和"不太符合"之间，表明农场所获政策支持、技术支持或村干部支持度均较低。换言之，现阶段农场主在国家政策结构中的嵌入性状况并不理想，在市场结构中的嵌入性状况部分良好，在村社结构中的嵌入性状况也部分良好。

3. 控制变量

农场主年龄和农场类型是可能影响农场规模的因素。已有研究显示，农户风险态度受户主年龄影响（胡宜挺、蒲佐毅，2011），而农场经营是一项有风险的事业，因此农场主年龄可能会对农场规模产生影响。农场类型不同，农场发展对土地的依赖不同，农场土地经营规模也会呈现差异，因此农场类型也是影响农场规模选择的因素。

本章选择的控制变量是农场主年龄和农场类型。根据对农场主年龄的描述性统计分析，农场主年龄的分布如下：30 岁及以下有 9 家，占比为 8.1%；31~40 岁有 31 家，占比为 29.8%；41~50 岁有 46 家，占比为 44.2%；51 岁以上有 18 家，占比为 17.3%。问卷设计中农场被分为三种类型：种植型、养殖型和种养结合型。调查结果显示，种植型农场有 41 家，占比为 39.4%；养殖型农场有 29 家，占比为 27.9%；种养结合型家庭农场有 34 家，占比为 32.7%。[①]

5.4　实证分析结果

5.4.1　农场主关系网络与农场土地规模相关分析

如表 5-4 所示，农场主关系网络综合得分与农场土地规模之间存在相关性。二者的相关系数为 0.438，显著性水平为 0.000，说明农场主关系网络与农场土地规模之间存在显著正相关。

表 5-4　　　　　　　　关系网络综合得分与农场规模相关性分析

项目	关系网络综合得分	农场土地规模
Pearson 相关性	1	0.438***
显著性（双侧）		0.000
N	104	104

注：*** 表示在 1% 的水平上显著。

———————————

① 资料来源：笔者调研。

5.4.2　农场主关系网络对农场规模的影响分析

既然农场主关系网络与农场土地规模显著相关，那么代表农场主网络结构嵌入性的关系网络各因子具体对农场土地规模产生什么样的影响呢？本章将构成关系网络的 5 个主要因子设为自变量，将农场主年龄和农场类型设为控制变量，建立关于农场土地规模选择的多元有序 Logit 回归模型，结果如表 5 - 5 所示。零模型的 - 2 倍的对数似然比为 307. 449，当前模型为 249. 943，似然比卡方值（ - 2 倍的对数似然值减少）为 57. 505，概率 P 值为 0. 00。如果显著性水平 α 为 0. 05，则应拒绝回归方程显著性检验的零假设，说明解释变量全体与连接函数 Logit 之间的线性关系显著，表明模型选择正确。平行线检验也显示显著性为 0. 00，表示在 1% 的显著性水平下通过检验。

社会关系网络各因子中，政策支持网、村民关系网、技术互动网是影响农场规模选择的显著因素，而供销互动网和村干部关系网对农场规模选择的影响在统计上不显著，说明农场在国家政策结构的网络嵌入对农场规模选择的影响完全显著，农场在市场结构和村社结构的网络嵌入对农场规模选择的影响部分显著。此外，农场主年龄和农场类型对农场规模选择的影响具有统计显著性。农场主年龄在 51 岁以上和农场主年龄在 31 ~ 50 岁相比农场规模有差异，种养结合型农场与其他类别农场相比农场规模均有差异。由表 5 - 5 可知，各位置值（被解释变量）对阈值（解释变量）的影响程度是不相同的。

表 5 - 5　　农场规模选择影响因素的有序 Logit 回归模型分析

项目		估计	标准误	Wald	Df	显著性	95% 置信区间	
							下限	上限
阈值	农场规模 = 50 亩以下	2. 420	1. 269	3. 636	1	0. 057	- 0. 067	4. 908
	农场规模 = 50 ~ 100 亩	3. 547	1. 285	7. 619	1	0. 006	1. 028	6. 066
	农场规模 = 100 ~ 300 亩	5. 702	1. 367	17. 401	1	0. 000	3. 023	8. 382
	农场规模 = 300 ~ 1 000 亩	7. 764	1. 464	28. 131	1	0. 000	4. 895	10. 633

续表

| 项目 | 估计 | 标准误 | Wald | Df | 显著性 | 95%置信区间 | |
						下限	上限
政策关系网	0.291	0.147	3.912	1	0.048	0.003	0.579
供销关系网	0.114	0.155	0.545	1	0.460	-0.189	0.417
技术支持网	0.282	0.136	4.341	1	0.037	0.017	0.548
村民关系网	0.383	0.172	4.922	1	0.027	0.045	0.721
村干部支持网	0.265	0.193	1.879	1	0.170	-0.114	0.644
家庭农场类型=种植型	0.760	0.456	2.769	1	0.096	-0.135	1.654
家庭农场类型=养殖型	-1.912	0.553	11.971	1	0.001	-2.995	-0.829
家庭农场类型=种养结合型	0[a]	—	—	0	—	—	—
年龄=30岁及以下	0.293	0.795	0.135	1	0.713	-1.266	1.852
年龄=31~40岁	1.277	0.603	4.476	1	0.034	0.094	2.460
年龄=41~50岁	0.679	0.560	1.471	1	0.225	-0.418	1.776
年龄=51岁以上	0[a]	—	—	0	—	—	—

注：a 表示因为该参数是冗余的，所以将其置为零。

1. 农场主关系网络对农场规模选择的影响

农场在国家、市场与村社结构中的网络嵌入即农场主政策支持网络、市场互动网络和村社关系网络均对农场规模选择产生正向影响。其中农场主政策支持网、技术互动网和村民关系网对农场规模选择的影响在95%的统计水平上显著。农场在国家、市场与村社结构中的网络嵌入对农场规模选择的正向影响具体表现在：政策支持网因子每增加1个单位，农场选择更大规模可能性的 Logit 值就增加 0.291 倍，即农场选择更大规模可能性平均增加 57.2%；技术互动网因子每增加1个单位，农场选择更大规模可能性的 Logit 值就增加 0.282 倍，即农场选择更大规模可能性平均增加57.0%；村民关系网因子每增加1个单位，农场选择更大规模可能性的 Logit 值就增加 0.383 倍，即农场选择更大规模可能性平均增加59.5%。由此可见，村民关系网因子对农场规模选择的影响程度最高，政策支持网次之，技术互动网最后。

村民关系网因子对农场规模选择的影响程度最高，表明农场在村社结构中的网络嵌入状况对农场规模选择的影响最重要。可能的解释是农场规模选择的不同主要体现了农场主获取土地资源能力的不同，而土地获得建立在与村民或村集体经济组织协商流转的基础上。在绝大多数土地掌握在村民手中及农户土地承包权利进一步确权的背景下，农场主土地获得主要来自村民，因此村民支持对农场规模选择具有重要影响。在多重网络结构嵌入中，村社关系网络最重要，因为在中国农村关系本位的社会结构中，具备村社关系网络的农场主基于地缘性和血缘性关系，能获得更多的村社支持，进而调动村社资源，为农场获取土地、劳动力资源提供条件。

2. 农场主年龄对农场规模选择的影响

农场主年龄对农场规模选择具有正向影响，以农场主年龄在51岁及以上的组为参照，农场主年龄在31~40岁的组对农场规模选择的正向影响更为显著。在关系网络、农场类型相同的条件下，农场主年龄在31~40岁组的农场选择更大规模可能性的Logit值比农场主年龄在51岁及以上组高出1.277倍，即31~40岁的农场主选择更大规模的可能性比51岁及以上农场主高出78.2%，说明中青年农场主（31~40岁）在选择规模等级越高的倾向性上高于老年（51岁及以上）农场主。这与已有研究结果一致，如兰勇等（2015）的研究表明现阶段农场主多为中青年农民；中青年农民具有将农业作为长期事业发展的信念，更愿意成为职业农民，因此选择更大规模经营的可能性较高（朱启臻，2013）。

3. 农场类型对农场规模选择的影响

农场类型对农场规模选择的影响均显著。但是不同类型的农场对农场规模选择的影响方向不一致。农场类型对农场规模选择的影响具体表现为：在农场主年龄、关系网络相同的情况下，种植型农场选择更大规模可能性的Logit值比种养结合型农场高出0.760倍，即选择更大规模可能性平均高出68.1%。养殖型农场选择更大规模可能性的Logit值比种养结合型农场低，即农场规模选择可能性平均低出87.1%，说明种植型农场对土地规模的需求要显著高于养殖型农场，而种养结合型农场对土地规模的依赖介于种植型农场和养殖型农场之间。尤其值得注意的是养殖型农场对农场规模等级影响的估计系数（1.912）很高，说明相较于种养结合型农场，养殖型农场对土地规模的依赖度很低。

5.5　结论与启示

基于山东、湖北两省三地 104 家农场的问卷资料，本章实证分析了农场在国家、市场与村社的多重网络结构嵌入对农场规模选择的影响，得出三个主要结论。第一，农场在国家、市场与村社结构的网络嵌入状况并不理想，农场所获社会关系网络综合支持度较低。比较而言，农场目前获得了较好的村民关系网络支持和供销互动网的支持，但是农场在国家政策支持、技术支持和村干部支持上获益较少，即农场在市场与村社结构中的嵌入性状况要好于在国家政策结构中的嵌入性状况。第二，农场在国家、市场和村社结构中的网络嵌入性即农场主政策支持网络、市场互动网络和村社关系网络对农场规模的选择均具有正向影响。其中，国家政策关系网络对农场规模选择的影响显著，市场互动网络和村社关系网络对农场规模选择的影响均部分显著。第三，在国家、市场与村社多重网络结构嵌入中，农场主村社网络嵌入对农场规模选择的影响最为重要。农场主关系网络对农场土地规模的影响程度从高到低依次为：村民关系网因子（59.5%）、政策支持网因子（57.2%）、技术互动网因子（57.0%）。农场规模等级的高低很大程度上来自村民关系网络的支持，说明农场主与村民的关系网络资源对农场的发展具有重要意义。

对于从事规模经营的农场而言，扩大农地经营规模不仅受经济条件的约束，农场主在国家、市场与村社结构中的网络嵌入也对规模选择产生影响。因此，家庭农场的可持续发展需要注意以下几点。第一，从宏观上改善农场发展的结构位置资源，加强国家政策与农场的对接，改善农场主获取国家政策支持的能力。建立政策与农场主之间的服务对接平台，优化政策供给的途径，提升政策服务于农场发展的水平。第二，注重农场主多维关系网络建设，加强农场在国家、市场与村社结构中的嵌入性。利用各种平台促进城乡资源整合和网络互动，提升农场主网络资源丰富性，为农场发展获取资源奠定基础。第三，注重培育村社本土农场的发展。本土农场主相对于外来农场主具有基于血缘和地缘的先赋性关系网络，能够降低农场在获取村社内部土地、劳动力资源时的交易费用，因此村社本土农场主能够充分调动社区内部社会资本，降低农业经济转型成本，推动适度规模经营发展。

第6章　嵌入性、交易成本与家庭农场合约治理

资源获取与经营规模的选择在家庭农场的生成过程中至关重要，家庭农场的成长与可持续发展还必须建立较为完善的内部治理机制。家庭农场本质上是一种要素合约综合体，家庭农场的治理机制将直接影响家庭农场合约稳定性及其可持续发展。本章将分析家庭农场在试图维系合约稳定的治理过程中，地域系统的政治嵌入、社会嵌入与文化嵌入的意义；在交易成本与家庭农场雇佣合约的关系方面，土地规模、在地农场主①对家庭农场交易成本治理的意义。研究发现，家庭农场的嵌入式发展既有利于维系家庭农场合约稳定，也有利于社区活力化和可持续发展。

6.1　嵌入性与家庭农场合约治理

6.1.1　规模经营合约及其治理

经济学将合约视为达成交易的一种形式，大部分经济关系都表现为合约。在农业领域，关于土地及地租的合约长期存在且类型多样。张五常（1969）认为中国传统小农社会中农业租约存在三种典型形式，即雇工自营制、分成制、定额制，并最早提出在交易费用为零的情况下，三者的效率是一样的。而在此之前的经济学研究均认为定额制和雇工自营制是有效

---

① 在地农场主是指生活居住在农场所在地的农场主，其对农业生产活动的控制要好于居住在城里或其他地方的农场主。

率的。文贯中（1989）进一步分析指出分成制存在是出于减少劳动监督成本、规避农业风险、筛选不同质量的农业劳动者、使土地与非交易性生产要素结合等多方面的需要。中国现阶段的土地租约主要表现为在土地三权分置的制度框架下，土地从分散承包户集中到一定规模经营的新型农业经营主体。因此，农地规模经营是以土地要素合约为核心而实现的资本、土地、劳动力资源的重新组合。除土地租约外，订单农业也构成了当今中国农业合约的主要类型。在纵向一体化中形成"公司＋农户"模式是推进农业产业化的主要形式之一，有助于解决分散的小农户与大市场之间的矛盾。"公司＋农户"合约不仅具有商业契约关系，更具有关系型合约特性，它不是龙头企业与单一农户的选择性合作，而是与农户群的一致性合作（罗必良，2012）。但因为公司与农户地位的不对等，这种合约经常是不稳定的（徐忠爱，2011；王郡，2008）。

奥利弗·威廉姆森（O E Williamson，2014）认为，在市场与企业之间存在着大量的中间状态，这一中间状态既不同于市场中的短期交易，也不同于企业中的科层治理，而是有着长期、重复交易的一种双边治理。这种双边治理主要依赖双方长期的互利互惠影响，其治理机制主要是非正式的关系合约。规模经营合约的治理机制既非市场机制也非企业科层制，而是具有双边治理的特征，需要靠一系列非正式的关系合约来维系。如田先红、陈玲（2013）认为由于土地的社区性和不可移动性，规模经营合约通常需要社会性附属合约（如劳动力的雇用）等条件为支撑，罗必良（2012）也认为公司与农户之间的正式合约需要其他边缘合约来维护。

基于有限理性和外部环境的不确定性，大部分合约是不完全的。不完全合约的治理也更加关注合约的事后支持制度（威廉姆森，2014）。王珺（2008）的研究指出合约稳定性受交易双方退出成本高低的影响，专用性资产的投入越高带来的退出成本也越高，交易方因而也越不敢轻易退出。王小映（2014）认为专用性资产的投入容易带来"锁定"效应，农户和农业企业在签订合约时均会考虑到资产"套牢"以及由此出现的"敲竹杠"等道德风险问题，这决定了"公司＋农户"的合约内容及其稳定性与农户和公司之间的博弈紧密相关。徐忠爱（2011）指出合约自我实施的关键在于激励机制和声誉机制等多种治理方式的结合。不完全合约的治理需关注合约双方的关系及其产生的外部环境，因此新的合约理论需要在经济学和社会学之间建立起联系，并在二者之间展开充分的对话（威廉姆森，2010）。

综上所述，规模经营合约的治理依赖交易双方的长期互动，呈现出双边治理的特征。合约的不完全性决定了需要关注合约双方的关系互动及其周边环境。由此对家庭农场合约治理问题的分析可以从嵌入性的角度展开。嵌入性强调经济行为背后的社会结构因素。家庭农场规模经营合约主要是以农地租约为正式合约，通过一系列关系治理展开经营活动，规模经营合约治理的过程正是嵌入性机制发挥作用的过程。有研究指出，嵌入性动用一系列社会机制来协调和保障交换，这种社会机制因为减少了交易成本，所以能获得相较于市场和科层组织的竞争优势（Jones，1997）。

6.1.2　嵌入性与合约治理：一个新的分析框架

嵌入性思想最早由波兰尼论及，他认为"人类经济通常潜藏于人类的社会关系之中"，① 提出了经济的整体性嵌入观。格兰诺维特吸收这一思想，发表了著名的《经济行动与社会结构》一文，深入阐释了"经济行动嵌入社会结构"的观点。格兰诺维特（1985）发现运用嵌入性视角可以避免新制度经济学组织理论特别关注的机会主义行为，可以对市场和等级制等问题提供新的理解。嵌入性研究方法不进行绝对性的全面预测，转而假设社会结构的具体细节决定我们发现什么。

规模经营合约的达成是农户与规模经营主体理性交易的结果，但以农地租约为核心的规模经营是否可持续，却涉及规模经营主体与农户、村庄及政府的互动。嵌入性是规模经营主体获得多方面支持进而提升合约稳定性的重要策略。研究发现，家庭农场规模经营合约以家庭农场与农户之间的土地流转合约为核心和主要表征，并通过政治嵌入、社会嵌入和文化嵌入的机制实现对合约关系的有效维护和治理。

1. 政治嵌入与制度支持

规模经营主体与体制的关系影响规模经营主体对土地流转稳定性的预

---

① ［英］卡尔·波兰尼. 巨变：当代政治与经济的起源［M］. 黄树民，译. 北京：社会科学文献出版社，2013：1 - 16.

期。如周雪光（2005）对关系产权的研究表明，拥有不同关系资源的人对产权的预期不一样。因而产权稳定性预期更大。而不少实证研究已经表明，资产专用性投资很大程度上受产权预期的影响。产权稳定将促进资产专用性投资，如农地产权稳定对农户农业投资、完善农业自我积累具有十分重要的意义（钟甫宁、纪月清，2009；胡亦琴，2008）。

2. 社会嵌入与组织动员

家庭农场通过对村社结构的嵌入以获取村庄组织资源，为家庭农场开展生产经营活动提供组织条件。交易的发生需要有事前的了解和事后的监督保证，因此交易往往发生于社会网络成员之间，而不是发生在陌生人之间（李久鑫、郑绍濂，2002）。对于交易主体而言，关系网络有助于降低缔约成本，提升合同价值，特别是在法制环境较差的地区作用更明显（郑军、林钟高、彭琳，2013）。

3. 文化嵌入与信任支持

文化嵌入是指被群体共享的，且对其经济战略和目标制定起约束作用的软环境。它对企业经济关系和经济行为将产生重要影响（Zukin、DiMaggio，1990）。企业受到特定文化和社会规范的限制，声誉、文化价值观、道德等"非经济理性的范畴"对企业契约关系的建立、完善和履行都具有不可替代的作用（乐国林、毛淑珍，2011）。就规模经营而言，文化嵌入主要强调规模经营与农事生产行为嵌入广泛文化背景如惯例、习俗等的水平以及通过共同价值观、行为方式等反映的文化一致性。这种文化一致性可以促进规模经营主体和被雇劳动力之间的情感认同，从而降低交易主体的有限理性和机会主义行为，实现规模经营合约的有效执行。

6.1.3 山东省宁津县家庭农场发展的案例

1. 山东省宁津县家庭农场发展概况

山东省宁津县位于山东省西北部冀鲁交界处，属黄河冲积平原，土壤肥沃，耕地面积达73万亩，种植小麦、玉米等农作物，为典型的北方旱作农业。农民收入来源中，工资性收入和经营性收入占总收入的比重为

50.9% 和 45.9%。① 农民兼业化程度高，其就业呈现两季收获时节返乡种地，平时外出务工的候鸟式迁移特征。这说明农民卷入市场的程度高，为高租金水平下规模经营的发展提供了社会基础。

近年来，为推进规模经营和农业现代化发展，宁津县出台了多项政策，鼓励家庭农场、农业企业等新型农业经营主体的发展。2013 年中央一号文件提出要发展家庭农场后，宁津县于 2013 年 11 月出台了《全县家庭农场发展三年规划》，截至 2015 年 5 月，全县各类家庭农场发展到 74 家，其中以种植业为主的有 63 家，以畜牧养殖为主的有 2 家，以种养结合的有 8 家，以种植休闲相结合的有 1 家。家庭农场经营土地面积达 12 000 余亩。依据我国农村土地集体所有制度及其实践，可以将家庭农场划分为外生性农场和内生性农场。外生性农场主要指不具备农场土地所在地集体组织成员资格，全部依靠土地流转形式获取土地资源的农场，以资本下乡型农场为典型；内生性农场主要指具备农场所在地集体组织成员资格，农场土地部分依靠流转形式获得，以传统大户升级型农场为典型。以下主要从外生性农场和内生性农场两种类型出发考察农场合约治理中的嵌入机制。

2. 外生性农场治理及其嵌入机制

资本下乡型农场因为村庄外生性这一结构性特征，使其在农业生产经营行为中极难运用村庄内社会网络资源，经常遭遇"外人"的尴尬处境，如在修建必要的农业生产基础设施时遭遇农户的阻拦、农作物及农业设备遭遇破坏或偷盗等。其发展主要来自政治嵌入以及由此获得的制度支持、文化嵌入以及由此获得的农户合作。家庭农场的政治嵌入让法治下乡，从外部约束农户的行为；而文化嵌入则以家庭农场主的文化融入和公共参与为主，形成交易双方的情感互嵌，从内部约束农户的行为。

第一，政治嵌入。外生性农场缺乏农业生产经营的本土资源，进而以政治嵌入来稳定农业生产经营投资行为。政治嵌入是指获得标志性的政治身份，以更好地了解政策，获得指导和支持。政治嵌入有助于外生性农场稳定固定资产投资预期，正常开展农业生产经营行为。农田基础设施的修建或完善属于固定资产投资，也涉及村庄层面的协调，只有产权的确定性才能促进农场投资，农场政治嵌入有助于形成产权稳定预期，有助于保障

———————————

① 资料来源：宁津县统计局 2014 年对本县 519 人的调查。

合约稳定。包括家庭农场在内的新型农业经营主体是国家相关农业项目的承接主体，通过政治嵌入的方式能获得政府相关部门的注意力，帮助农场从众多新型农业经营主体名录中脱颖而出。

登记注册并且备案的家庭农场有资格进入项目库，进入项目库意味着家庭农场有机会承担国家乃至各部门的项目。一般的操作过程是：国家或者上级发布课题项目，各县或乡镇业务主管部门选择一项，成为招标方，但是部门没有课题展开研究的条件，于是部门再在当地项目库中选择实施单位。如农技推广项目就是通过部门与大户的合作实施的，再如畜牧局的粪便污染处置项目也是该部门与当地的家庭农场或企业共同实施的。①

第二，文化嵌入。外生性农场在经营过程中尤其是雇工方面存在典型的委托代理问题。对外生性农场治理而言，代理人的选择非常慎重而关键。有经验、有技术、有责任心是外生性农场代理人的普遍特征，但外生性农场还非常看中有组织能力和有威望的代理人。在外生性农场的日常管理行为中，根据农业生产作业量雇用合适数量和特点的工人需要代理人统筹合理安排，工人能否尽心尽力地完成工作则很大程度上依赖代理人的威望。代理人公正、说话有分量，雇工才能真心实意地配合工作而不是"敷衍地合作"。代理人作为本地有威望的人，也是极有面子和讲面子的人。外生性农场必须懂乡土社会的这种面子文化，给予代理人足够的尊重才能有效激励代理人。对这种文化的领会是外生性农场文化嵌入的一种表现。外生性农场文化嵌入的另一种表现或途径是行为符合村庄层面对大户社会责任的期待。"均贫富"是乡村社会的一种重要文化心理，在"均贫富"社会心理基础上，中国传统村落社会也形成了一整套扶危济困、帮扶弱者的机制。时至今日，在土地经营权流转基础上形成的规模经营大户被期待帮扶小农户的社会责任也是传统文化所塑造的社会心理表现。外生性农场文化嵌入的第三种表现或途径是身体在场。在地农场主相较于非在地农场主在与普通农户的关系互动中具有明显优势，因为在地农场主的身体在场，与普通农户的日常互动增加，难免要共同应对一些不利气候及村庄层面的公共事务，增加了在农户心中的"我们"感，否则外生性农场的"外人"处境将一直给农场的经营造成诸多困扰。理论和实证分析均表明

---

① 访谈对象：宁津县财政局负责人。

制度安排并不产生信任，而只是信任的替代品，日常生活可能受到更为灵巧的欺诈，而消除这一欺诈的最好方式是社区融入，增加声誉，培育信任等社会资本（奥斯特罗姆等，2011）。

案例 6 – 1

HQ 农场的负责人周某现年 40 岁，17 年前与妻子一同前往寿光做蔬菜批发生意，效益一直不错。2013 年流转土地种植蔬菜，由于其销售渠道完备，并且拥有寿光的技术支撑，其蔬菜种植效益也逐渐凸显。HQ 农场现经营土地 580 亩最开始雇用工人离不开村委会的帮助，后稳定为 28 个长工，其中 1 人是自己堂哥，其余 27 人对农场主而言均是陌生人。长工队伍中有一个小组长，负责管理工人。这个小组长担任过村干部，有一定号召力且干活认真负责。小组长曾经反映过几个工人干活存在问题，农场主观察后不再雇用这些人，后来小组长将自己的亲戚安排进来了，农场主对此也不详加过问，要给予小组长一定的权力和面子。（访谈对象：HQ农场负责人）

3. 内生性农场治理及其嵌入机制

传统大户升级型农场因为内生性这一结构性特征，使其在农业生产经营过程中能够较好地利用村庄社会网络资源，进而较为顺利地实现对农户的组织动员。也因同处一个乡土文化网络之中，行为处事与乡土规范一致，更易获得农户的信任与合作。与外生性的资本下乡农场不同，传统大户升级型农场较少主动以政治嵌入来保障合约治理，处理农业生产经营中的矛盾纠纷较少采用法治手段，更为关注乡村社会内部规则，在维系与农户的关系及合约稳定方面主要运用自治与德治的手段，农业生产经营行为背后展现了强大的社会嵌入与文化嵌入逻辑。

第一，社会嵌入。内生性农场主意味着是乡土社会内部的"熟人"，受熟人社会内部差序格局的影响，土地流转以本家族成员之间的零租金或低租金为基础，不断向邻居、朋友及其他村民辐射，最终形成规模经营的格局。在农业灌溉合作方面能低成本地协调以达成灌溉秩序，如用电、过水等往往只需打声招呼，有时甚至不需要沟通，彼此默认就行。生产生活中的矛盾纠纷也往往以村规民约为基础，通过自治的方式化解。

第二，文化嵌入。陈柏峰（2010）认为农村社会乡土逻辑存在一些基本原则，如情面原则、互惠原则、不走极端原则等。这些原则也构成了乡土文化的底色。在家庭农场农业生产经营过程中，内生性农场主对这些原则谙熟于心，更容易获得农户的信任与合作。因为情面原则，农场主雇用本村村民干活时，短工也不好意思明显偷懒，尤其是在打药等无法监控的环节，不会存在外生性农场里发生的只注重速度不顾质量的情况；因为互惠原则，农场主会在作物收割时考虑周边农户的需求，协调小农户一起作业，小农户不用费时费力且高价租用农机，小农户也会在农场繁忙时前来帮忙，在人情亏欠和偿还人情中实现资源互补；因为不走极端原则，内生性农场主作为规模经营大户却也从不把整村整组流转土地当作目标，认为土地的集中是渐进的过程，也正是因为不走极端，在农场遭遇自然灾害或市场风险时，周边小农户会考虑农场处境，提供力所能及的帮助。所有这些理念和行为构成了农场主和农户共享的场域，这一特殊的地方乡土文化也构成了村庄共同体延续的表征。

案例 6 - 2

NS 农场的负责人宁某 2008 年开始在村里包地经营，最初规模 30 亩，其中父母的土地 5 亩，岳父家 5 亩，岳父弟弟家 5 亩，本村 2 个农户 8 亩。这 2 家农户家庭条件较好，进城居住。所有土地租金均为 200 元/亩，不签合同，一年一付。2010 年后每年开始增加规模，至 2015 年共经营土地 150 亩。因为这几年周边土地流转价格平均 1 000 元/亩，所以给农户的租金也相应提高了一点，但最高的也只有 500 元/亩。在流转的土地中，有 2 家农户要回土地，要求自己经营。其中一户是儿子之前在外面做建筑但这几年不景气，为了增加家庭收入，开始边种地边打工；一户是 4 兄弟都在外面打工，老人生病，有 1 个儿子必须回来照顾老人，因此把 4 兄弟的土地都要了回去。农场在农忙的时候，自己父母和岳父岳母都会过来帮忙，不用开工资，但过年过节都要孝敬；农场日常经营只在浇水和运输的时候请人，浇水一般每次请 2 人，一年大概浇 3 次，每次 5 天左右，工资 50 ~ 60 元/天，管午饭，这些人都是本村人；请来运输的人也是本村人，是关系比较好的朋友，他们不用给工钱，一次大概有 7 人，干 1 天多，一年请两次。他们需要帮忙的时候就去给他们帮忙，相当于换工。（访谈对象：NS 农场负责人）

6.1.4 进一步讨论

宁津县土地流转市场发达，尤其是苗木种植的下乡资本抬高了全县整体的土地流转价格。但苗木市场行情是波动的，一旦苗木行情下滑，高租金下的资本经营农业势必难以维持。实际上，县域范围内已经开始出现资本跑路的现象，这给真正从事粮食生产经营的家庭农场带来了极大的挑战。但较高的土地流转价格也为家庭农场获得土地资源从事规模经营创造了条件。较高的土地流转价格促进了更多农户放弃农业兼业经营，转而寻找新的家庭生计模式。由此，在县域内，农场的出现并不是政府强制干预的结果，不是人为"垒出"的大户，而是市场运作的结果。地方政府在其中主要是搭建了土地流转服务平台，促进外来下乡资本与本地土地资源的结合。因此，下乡资本与本地农户之间在土地资源分配上总体呈现利益共享的格局，农户方没有明显的利益被剥夺感，这是资本下乡型农场能够通过一定的嵌入机制开展相对有效的合约治理的前提和关键。

根据对家庭农场嵌入机制与合约治理的讨论，笔者认为下乡资本创办的外生性农场注重以政治嵌入和文化嵌入来维系合约关系稳定，而传统大户升级的内生性农场则主要以社会嵌入和文化嵌入来维系合约关系稳定。内生性农场的本土根植性让其在农业生产经营中能有效调动关系网络资源，发挥社会资本的价值，以社会嵌入和文化嵌入弥补原始资本不足，降低经营风险。外生性农场则始终要围绕化解"外来"身份而展开自己的经营策略，因而不得不更多地依赖政策的保障，即关注政治嵌入也不得不以文化嵌入的方式主动与农户打交道，遵守乡土文化规则，尽可能与周围农户熟悉起来，增强在农户心中的"我们"感，以尽可能提升农户合作的意愿。

农场合约治理背后的嵌入性机制带来了两个值得进一步思考的问题。一是资本下乡型外生性农场为弥补本土社会网络匮乏、社会嵌入不足的状况，必然尽可能多地采取机械替代劳动的策略，尽可能多地增加农业生产各环节的机械化程度，追求劳动生产率的最大化，在土地生产率方面力不从心。而传统大户升级型内生性农场则能以较高的土地生产率获得可观的利润，不少内生性农场主表示与外生性农场相比，获得相同的利润时他们的土地面积可以少一半。而对于耕地资源尤其稀缺的中国，综合考虑劳动生产率与土地生产率才是农业发展的出路所在。二是各种涉农项目如农技推广项目、农田高标准整治项目、针对新型农业经营主体的专项项目等均需要通过政府选点、联合申报的方式实施，但许多更加符合家庭农场定义的内生性农场并没有积极地与政府部门建立联络。而资本下乡型外生性农场以高强度的政治嵌入得到了政府部门更多的注意力，因而也获得了更多的资源倾斜。所以在家庭农场奖励性名录中较少出现内生性农场。这说明政府需要进一步提升家庭农场相关扶持政策的瞄准性和针对性。

6.2　交易成本与家庭农场合约治理

6.2.1　家庭农场雇佣合约及其交易机制

威廉姆森（2014）认为，不论什么问题，只要能还原为合同问题，就应该看它能否利于节省交易成本，组织会选择降低交易成本的治理结构。因此，交易成本经济学并不把经济组织当作一种生产函数，而是认为应把经济组织当作一种治理结构。交易成本包括动用资源、建立、维护、使用、改变制度和组织所涉及的所有费用（埃里克·弗鲁博顿和鲁道夫·芮切特，2012）。科斯（2009）指出，为了进行市场交易，有必要去发现谁希望进行交易，有必要告诉人们交易的愿望和方式，以及通过讨价还价的谈判缔结合约督促合约条款的严格执行等。威廉姆森研究了在什么条件下交易成本会降低的问题，从而对交易特征进行了刻画。不同交易特征的匹配，将产生不同的组织形式或者治理结构。交易特征具体包含三个方面：交易频率、资产专用性和环境不确定性。交易频率、资产专用性和环境不确定性程度越高，越倾向于签订统一合约，建立企业等科层组织，以实现将外部交易内部化，从而降低交易成本的目的（威廉姆森，2014）。交易成本的存在说明组织的效率不仅在于对各种生产要素的优化组合，还在于选择合适的交易机制和治理结构。

劳动力管理是家庭农场合约治理的重要内容。就农业规模经营而言，雇佣合约及其治理是家庭农场最为关键的治理行为。家庭农场雇用劳动力有两种组织模式，一是雇用常工①（长期合约），二是雇用日工或短工。很显然，做出雇用常工的决策会让家庭农场的治理结构更加复杂。通常而言，资本下乡型农场因为相对于村庄的外生性通常会选择在村庄内寻找一个代理人来负责管理和对接村庄事宜。从交易成本的视角看，这样一种雇用常工的方式也是降低交易成本的有效决策。雇佣合约中的长期合约（雇用常工）是以一个期限较长的合约替代若干个期限较短的合约，因此能够节省签订每个短期合约所花费的交易成本（李敏，2002）。那么，在家庭农场选择常工形式的雇佣合约背后，具备什么样的交易特征或交易机制呢？换而言之，哪些具体的交易特征或交易机制可促使家庭农场雇用常工？鉴于雇用常工是农业规模经营进程中出现的新现象，因此考察常工合约的交易机制有助于进一步把握农业规模经营的客观规律。

根据威廉姆森的交易成本理论，当劳动雇用中的资产专用性、交易频率与环境不确定性程度越高时，家庭农场劳动雇用越倾向于选择更为一体化的组织模式，即选择常工形式而不是日工形式。由此给出如下研究假设。

（1）交易频率。家庭农场劳动雇佣合约的交易频率指家庭农场雇用劳动力的次数，当农场自有劳动力投入比例越高时，雇用劳动力的次数越少，家庭农场越不倾向于选择常工形式。

（2）资产专用性投资。企业资产专用性程度越高，来自交易对象机会主义行为的风险也越高。为降低交易中的机会主义行为，企业将与交易对象制定正式合约以提高交易的规范性。农地规模经营中投入的物质资产具有专用性特征（陈灿，2013）。家庭农场农用机械操作中，人机配对对发挥机械效能很关键。因此操作机械或辅助机械操作都是一项专用性、互补性高的技能。而对于专用性、互补性高的技能，企业倾向于选择维持持久合作的（关系型）合约形式（王立宏，2009）。家庭农场机械投入越大时，越倾向选择常工形式以稳定经营模式。

（3）环境不确定性。弗兰克·奈特（F H Knight）认为，不确定性让人们不能掌握变化的信息。农业生产不是标准化的，且体现为分布在广阔

---

① 在笔者进行的相关调查中，受访者将长期雇用的通常按年或按月支付薪酬的人员称为"常工"（不是"长工"），而将按天计算工资的人员称为"短工"。本书沿用了这两个称谓。家庭农场与常年雇工之间仍然以非正式的口头合约为主。

空间里的分散经营行为，因此农业劳作行为本身是极难监管的。可以说，农业生产中的雇佣关系存在典型的质量信息不对称情况。劳动雇佣合约中的环境不确定性主要指家庭农场雇用周边劳动力时所掌握的信息状况，家庭农场户籍归属或者居住于本乡以外而不是本乡时，家庭农场与雇工之间的信息不对称程度越高，在选择雇佣合约时的环境不确定性也越高，因此家庭农场更倾向选择稳定的常工形式而不是雇用短工。

6.2.2　研究设计

1. 数据来源

所用资料主要来自家庭农场问卷调查。调查内容涉及家庭农场基本情况、生产要素的获得情况、经营模式、制度环境、发展预期等方面。调查地点为湖北省十堰市和鄂州市以及山东省宁津县。这三次问卷调查共收集到调查问卷 115 份，剔除 4 份填答不全的问卷，共得到有效问卷 111 份，问卷有效回收率为 96.5%。

2. 模型选择

家庭农场雇用常工有两种可能：是或否。因此它是典型的二分虚拟变量。当因变量为二分虚拟变量时，适合选择 Logistic 回归分析模型。Logistic 回归分析模型的表达式为：

$$\text{logit } P = \beta_0 + \sum_{i=1}^{k} \beta_i \chi_i \qquad (6-1)$$

式（6-1）中，logit P 与解释变量之间是线性关系；当其他解释变量不变时，解释变量 x_i 每增加 1 个单位，将引起 logit P 平均增加（或减少）β_i 个单位；β_0 表示截距。

3. 变量选择

参考已有研究对交易成本的刻度特征分析，从交易频率、资产专用性与不确定性三个方面选取影响劳动雇佣合约的 5 个变量。另外将家庭农场类型作为控制变量，最后选取了 4 组 6 个变量。全部变量的名称、含义、赋值、描述性统计基本特征及预期影响方向见表 6-1。

表 6−1　　　　　　　　　　　　　　　　变量定义

类别	变量	含义及赋值	方向	均值	标准差
劳动合约中的交易频率	家庭自有劳动力投入比例	数值	−	0.803	0.477
劳动合约中的资产专用性	土地规模	数值	+	307.471	427.130
	购买农用机械设备占比	数值	+	0.204	0.579
劳动合约中的不确定性	农场主户籍归属	本乡 =1；其他 =2	+	1.200	0.400
	家庭农场主居住地	本乡 =1；其他 =2	+	1.270	0.446
控制变量	家庭农场类型	种植型 =1；养殖型 =2；种养结合型 =3		1.930	0.839

6.2.3　结果与分析

1. 样本描述统计分析

在被调查的 111 家家庭农场中，选择雇用常工的家庭农场占 56.8%，见表 6−2。相较于选择日工形式，选择常工形式也意味着家庭农场内部拥有更为稳定的劳动力资源。

表 6−2　　　　　　　　　家庭农场雇佣合约状况

合约选择	频数（个）	百分比（%）
劳动雇用选择常工形式	63	56.8

2. 劳动雇用选择常工形式的影响因素分析

在控制家庭农场类型的基础上，通过运用 Logistic 回归模型实证检验了交易成本对家庭农场劳动雇用是否选择常工形式的影响，结果见表 6−3。

表 6 – 3　　　　　　　　　劳动雇用是否选择常工形式的估计结果

变量	解释项	B	标准误	Wald 值	显著度	Exp（B）
家庭劳动力投入农场比例		− 1. 069 **	0. 535	3. 996	0. 046	0. 343
土地规模		0. 006 ***	0. 002	12. 721	0. 000	1. 006
初始投资中购买农用机械设备占比		− 0. 250	0. 459	0. 297	0. 586	0. 779
农场主户籍归属情况ᵃ	本乡	1. 007	0. 795	1. 604	0. 205	2. 738
农场主现主要居住地ᵇ	本乡	− 1. 279 *	0. 704	3. 298	0. 069	0. 278
家庭农场类型ᶜ	种植型	− 1. 458 **	0. 634	5. 296	0. 021	0. 233
	养殖型	− 1. 788 **	0. 688	6. 748	0. 009	0. 167
常数项		1. 152	0. 974	1. 399	0. 237	3. 166

注：（1）a 表示以农场主户籍归属本乡以外为参照，b 表示以农场主现在主要居住地在本乡以外为参照，c 表示以种养结合型家庭农场为参照；（2）***、** 和 * 分别表示在 1%、5% 和 10% 的统计水平上显著；（3）模型的 − 2 倍对数似然值为 108. 508，Nagelkerke R^2 为 0. 434，显著性水平为 0. 000。

　　家庭自有劳动力投入农场的比例在 5% 的统计水平上显著影响了家庭农场劳动雇用选择常工形式。家庭劳动力投入农场的比例越高，家庭农场劳动雇用选择常工形式的比例越低。因为家庭农场自有劳动力承担农场的劳动越多，家庭农场从外部雇工的概率越低，因而家庭农场产生雇用的交易频率越低，家庭农场选择常工形式的概率越低。

　　家庭农场土地规模在 1% 的统计水平上显著影响了家庭农场雇工选择常工形式。家庭农场经营的土地面积越大，选择常工形式的概率越高。这是因为农业生产的周期性、季节性，频繁更换雇工容易带来贻误农时、管理困难等问题（郭亚萍、罗勇，2009）。

　　农场主居住在本乡的家庭农场在 1% 的统计水平上显著影响家庭农场劳动雇用选择常工形式。农场主居住在本乡的家庭农场选择常工形式的概率低于农场主居住在本乡以外的家庭农场。这是因为相较于居住在本乡以外的家庭农场，居住在本乡的家庭农场更熟悉当地的劳务市场，与雇工之间的关系更为亲密，在雇工问题上掌握充分的信息，面临的不确定性低，因此不会花费更高的价格去雇用常工。而居住在本乡以外的家庭农场恰恰相反，他们与当地雇工之间生活互动较少，存在信息不对称的可能性较大，在雇工问题上面临的不确定性程度更高，因此他们更愿意选择常工形式以降低雇工中的不确定性。

家庭农场类型显著影响家庭农场劳动雇用是否选择常工形式。相较于种养结合型家庭农场，种植型家庭农场和养殖型家庭农场均在5%的统计水平上显著影响家庭农场雇佣合约选择常工形式。其中，种植型家庭农场选择常工形式的概率是种养结合型家庭农场的0.233倍，养殖型家庭农场选择常工形式的概率是种养结合型家庭农场0.167倍。这说明在家庭农场的三种类型中，种养结合型家庭农场劳动雇用更倾向选择常工形式；种植型家庭农场次之，养殖型家庭农场选择常工形式的概率最低。可能的解释是养殖业资本进入比较充分，相较于养殖业的各种企业，养殖型家庭农场一般表现为分散的小规模家庭经营，因此雇用常工的概率较低；而种植业或种养结合领域伴随着发展适度规模经营的政策，大量工商资本进入农地规模经营领域，提高了雇用常工的概率。

6.2.4　讨论：土地规模、在地农场主与交易成本治理

上述研究表明，家庭劳动力投入农场比例、家庭农场土地规模、家庭农场主主要居住地以及家庭农场类型显著影响家庭农场劳动雇用是否选择常工形式。家庭劳动力投入农场的比例越高，家庭农场劳动雇用选择常工形式的概率越低。家庭农场土地规模越大，家庭农场劳动雇用选择常工形式的概率越高。相较于农场主居住在本乡的家庭农场，农场主居住在本乡以外的家庭农场更易选择常工形式。在家庭农场的三种类型中，选择常工形式的概率从高到低依次为种养结合型家庭农场、种植型家庭农场和养殖型家庭农场。

从降低交易成本、保障家庭农场资源获取稳定性进而促进家庭农场发展的角度，可以根据不同的资产专用性投资在不同环境中带来的不同效应选择恰当的合约治理机制。在雇佣合约中，资产专用性投资的影响既表现在对土地规模和农业机械设备的投入上，也体现在专用性人力资本投资（如机械操作技术）与经验的匹配等方面。土地规模也往往决定了农业机械设备的投入。而农业机械设备这一专用性资产具有与雇工之间的不可分性，因此家庭农场倾向于选择雇用常工的方式提供激励并稳定投资回报。

但这样一种根据资产专用性的匹配决策往往也隐藏着一定的治理风险。专用性资产投资越多,越可能被"锁定",对具有强匹配效应和被高度依赖的雇工而言,越可能向农场主"敲竹杠"。因此在事先预料到可能形成的治理困境后,一部分家庭农场就不会盲目扩大农业机械投入,而是更为理性地选择将部分农机服务外包。也有的家庭农场主以自有机械和机械操作自给率决定农场经营的有效规模。无论采取农机服务外包还是降低规模的方式,家庭农场都更有可能降低专用性资产投资所带来的风险,提升农场经营自主性。

居住在本乡以外的家庭农场更易选择常工形式。常工形式的家庭农场往往也意味着更为复杂的治理结构。稳定的常工雇用模式往往要求常工既与农场家庭劳动力和农场决策者之间建立良好的互动关系,也要求常工与村庄之间形成良好的互动。因为常工往往也兼顾管理日工或带头干活的职责,这就要求常工能熟悉本地务工市场,能在一定程度上帮助居住在城市的农场主处理在地事务。但这一模式不可避免地会产生委托代理问题,需要农场主采取一系的激励措施和监督措施。因此,对农场治理而言,尽量选择居住在农场所在地也是降低家庭农场交易成本的重要途径。居住在农场所在地能够降低交易成本的主要机制在于:一是农场主或家庭其他劳动力与常工同吃同住同劳动能促进与雇工特别是常工之间的情感交流,拉近雇佣双方之间的关系,以平等的劳作、及时的交流弱化可能存在的对立和隔阂,因此在地农场主相较于居住在本乡以外尤其是城市的农场主更能为常工提供激励;二是农场家庭劳动力的投入意味着在农业生产流程方面有较强的自控能力,发现农业劳动的质量问题会比较及时,因此对雇工而言是一种约束或者监督。

从社区发展层面看,居住在农场所在地有助于社区机制发挥效益,而社区机制可以有效降低资源重新配置中的交易成本(速水佑次郎、神门善久,2008)。社区机制主要是改变了雇佣双方的信息不对称状况,在雇佣关系双方多层面和持久的社区互动中,以往雇佣交易的绩效成为预见未来绩效的可靠的数据库,所以能够更为有效地收集到质量方面的信息。实践中也发现,能够受雇为常工的工人大部分也能让农场主"放心"。这一结果进一步印证了农场社区嵌入性和文化嵌入性的重要性。从地区可持续发展的角度来看,在地家庭农场主相较于那些居住在城市的家庭农场主,更可能关心地方政治、生态环境与文化生活，进而提升社区活力。

6.3　家庭农场合约稳定性

由于信息不对称和不确定性的存在，合约必然是不完全的。正是因为合约不完全性提出了合约稳定性和合约治理的关键命题。信息不对称主要有两种情况，一是事前状态的信息不对称，二是事后状态的信息不对称。事前信息不对称容易带来逆向选择的问题，典型例子是二手车市场上买主只愿意以二手车市场均价来支付，导致优质二手车慢慢退出市场，形成"劣币驱逐良币"的局面。这一问题的解决方案是提供权威的二手车车况检查及认证，把车况的真实信息反映到价格之中。事后信息不对称容易带来道德风险问题，常见于委托代理关系中。在委托人和代理人中间会存在很多信息不对称，委托人和强制执行合约的第三方都无法控制一些不可观察的行为。因为无法验证这些行为的具体状态，所以在合约中无法规范这些行为，道德风险就有可能发生。化解道德风险的主要思路是提供有效的激励机制和监管机制。

家庭农场是以土地流转合约为基础而开展规模经营的新型农业经营主体。家庭农场合约治理主要服务于规模经营的顺利开展。因为规模经营可持续才意味着土地流转合约具备稳定性。家庭农场的嵌入式发展对家庭农场开展规模经营的重要意义在于，不同类型的家庭农场通过不同的嵌入机制来建立和稳定与土地及土地上的农户乃至土地所在社区的关联。外生性农场由于缺乏与土地的初始制度关联以及与社会的关联，主要采取政治嵌入与文化嵌入的机制尽可能稳定土地流转合约进而开展土地规模经营。内生性农场则因为具有集体成员身份、村社熟人身份而具有相对于外来资本在土地流转中的先赋关系，因此其规模经营行为背后主要彰显社会嵌入与文化嵌入的逻辑。

雇佣合约是家庭农场开展规模经营的关键合约。农业雇用问题历来是合约理论关注的重要问题。雇主与雇工的关系本质上是合约，因为雇主与雇工的目标并不一致，因此如何让雇工充分劳动并给雇主带来最大化收益就成为雇主与雇工讨价还价的领域。尤其是雇用常工往往意味着家庭农场拥有更为复杂的雇佣合约安排和治理结构。实证研究表明，土地规模、在地农场主是家庭农场主开展交易成本治理的关键。家庭农场土地规模越大，家庭农场雇工选择常工形式的概率越高。相较于农场主居住在本乡的家庭农场，农场主居住在本乡以外的家庭农场更易选择常工形式。稳定的雇佣合约需要尽可能为常工提供有效激励，土地规模越大，意味着常工作为代理人的作用越明显，也意味着对机械化和人机配对的要求更高。因此农场主不仅需要加强与代理人之间的私人关系，也需要通过设计超产奖励与面子竞争等机制实现对代理人的有效激励。而这都需要运用上面的文化嵌入机制来稳定这样一种关系，农场主的在地化及对乡土文化规则的谙熟就是文化嵌入的主要表现。从交易成本视角看，在地农场主也能够通过与雇工的同吃同住同劳动拉进与雇工之间的情感交流，进而增强雇工的合作意愿，也能够通过农场主较强的农业生产自控能力形成对雇工的约束。

上述研究展示了维系家庭农场合约稳定的两种视角：嵌入性视角与交易成本视角。在嵌入性视角下，家庭农场政治嵌入、文化嵌入、社会嵌入在规模经营治理中十分关键。在交易成本视角下，家庭农场雇用常工这一复杂的治理结构与土地规模、在地农场主等交易特征紧密相关。维系雇佣合约稳定，家庭农场交易成本治理的关键在于在地农场主的嵌入性，即在地农场主与常工的密切互动与情感增进，共享场域意义。由此，嵌入性是理解交易特征与治理结构选择或匹配的关键机制。这一微观研究展示了社会学与交易成本经济学之间的紧密关联。

第7章　家庭农场发展下的农户与社区

　　组织社会学是从社会学的角度去研究组织现象，其中"组织与环境的关系"是组织社会学探讨的一个重要主题。家庭农场作为一种类企业组织，是社会系统中最具创新能力和影响力的一类组织形式。任何经济组织都是社会系统的组成部分，与其他社会系统的组成部分有着密切的关系（于显洋，2009）。家庭农场的发展离不开农村社区内部政治文化等外部力量条件的支持，其发展同时也能改造原有的政治文化环境。社会系统的稳定在于家庭农场的发展与政治文化等子系统之间形成均衡，并因此产生统一的被大多数人认可的行为规范和社会规则。有学者因此提出家庭农场的发展也应与"环境相容"（何劲、熊学萍，2014）。家庭农场发展是建立在与农户资源交换的基础上，促进了资源的集中，是村庄中新兴的经营大户。阿玛蒂亚·森（2009）认为经济资源占有的背后是人拥有交换权力的情况。当资源过于集中时，就会挤占贫困阶层的交换权力。何劲、熊学萍（2014）认为，我国家庭农场处于发展的初期阶段，制度安排并不完全与环境相容，家庭农场的发展有可能损害农户的福利，并对村庄社会的稳定带来影响。因此，家庭农场环境相容的主要目标是促进农户福利提升、保持村庄内部的基本公平。本章在组织社会学理论视角下，对家庭农场发展背景下的农户福利与社区变迁展开分析，以反思家庭农场的脱嵌风险及其超越路径。

7.1　家庭农场发展下的农户福利

　　资源获取是家庭农场的重要战略目标，是家庭农场可持续性发展的重要基础。家庭农场资源获取是通过一定的方式获得发展所需的资源，其中最为核心的资源是土地。我国农村土地为农村集体所有、农户家庭承包经营。因此家庭农场要获得土地资源必须与农户进行交易。家庭农场可以借助于市场规律流转土地也可以借助于农村集体经济组织的力量，还可以通过社区内部的人情关系网络获得土地资源。家庭农场土地资源获取的机制各不相同，对农户福利的影响也不相同。那么哪一种资源获取机制可以促进农户福利最大化呢？

7.1.1　关于农户福利的一个分析框架

阿玛蒂亚·森（Amartya Sen，2009）提倡在经济发展中融入人文关怀，重建经济发展的伦理与道德标准。他在《以自由看待发展》一书中，提出了发展的实质并不是经济发展，而是人的自由全面发展。阿玛蒂亚·森的发展理论强调经济发展并不是发展的最终目的，发展的目的是实现人的自由而全面发展，包括政治自由、经济条件（资源占有的多寡和分配的体制）、社会机会、透明性保证（信息的可获得）、防护性保障（社会保障体系建设）。从阿玛蒂亚·森的发展目标出发，经济发展的同时也应实现人的"基本能力平等"，强调整体发展而不是个别群体的发展，强调弱势群体的发展而不是因社会大多数人的福利而忽视弱势群体的发展（李骏杰，2015）。

阿玛蒂亚·森（2009）将人的自由全面发展称为实质自由，可行能力的大小决定了实质自由。可行能力主要指"此人有可能实现的，各种可能的功能性活动（指一个人认为值得去做或达到的多种多样的事情或状态）组合。"简而言之，可行能力是自由的结果和过程。不少学者已经从阿玛蒂亚·森的可行能力角度研究农户福利，进而对发展政策做出评估。如研究农户福利在土地流转前后的变化（游和远、吴次方、鲍海军，2013），也有学者基于模糊方法分析土地整理对农户福利的影响。这些研究都是对发展问题的有益探讨。

由于可行能力的客观测量难以实现，阿玛蒂亚·森发展出了可行能力的其他测量方法，认为可行能力可以通过各项功能性活动（能够实现的活动或者状态）来衡量。高进云等（2007）在研究农户福利在土地流转前后的状况对比时，将功能性活动具体操作化为家庭经济收入、社会保障、居住条件、社区生活、环境和心理等五个指标，同时该研究将家庭特征和地区社会经济环境作为转换因素。郑鹏（2012）在可行能力理论视角下对不同农产品交易模式下的农户福利进行分析，功能性指标主要包括经济收益、市场风险、交易争端、心理四个指标，该分析将农户特征、农产品属性、农户所处经济社会环境、农户所处的自然环境和地理区位作为转换因素。他们的研究均得出了土地流转前后或不同农产品流通模式下的农户福利的模糊评价。这些研究说明，关于功能性活动指标的选择往往也是根据研究目的需要，选择某些相关性而又十分关键的指标。

借鉴关于可行能力和福利评价方面的以往研究成果，本节将主要从农户家庭经济收入、劳动力市场化状况、社会保障、心理等四个方面考察家庭农场不同资源获取机制下的农户福利。家庭农场资源获取与农户福利的分析框架如图 7－1 所示。

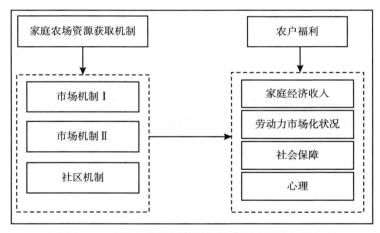

图 7－1　家庭农场资源获取与农户福利的分析框架

7.1.2　资料来源与样本概况

本节所用资料来自对将土地流转给家庭农场的农户的问卷调查。课题组对 3 种家庭农场资源获取机制下的农户分别进行了问卷调查，获取了关于农户家庭生计和福利的基本信息。其中，针对以市场机制 I 获取资源的家庭农场，课题组对此类家庭农场所涉及的农户为样本框，抽样调查了

102 户农户；针对以市场机制Ⅱ获取资源的家庭农场，课题组对此类家庭农场所涉及的农户为样本框，抽样调查了 60 户农户；针对以社区机制获取资源的家庭农场，课题组以此类家庭农场所涉及的农户为样本框，抽样调查了 38 户农户。最后，课题组共获得 200 份农户问卷，其中无效问卷 2 份，有效问卷 198 份。样本的具体分布情况如表 7 - 1 所示。

表 7 - 1　　　　　　　　　农户样本分布情况

调查地点	山东省宁津县张村	湖北省公安县军村	湖北省襄城区明村
家庭农场数目	5	2	2
资源获取方式	市场机制Ⅰ	市场机制Ⅱ	社区机制
农户样本	102	60	36

7.1.3　方法选择

本节所采取的研究方法为定量分析中的模糊数学估算法。模糊数学估算法一般运用于分析一些难以运用经典数学方法和标准化模型所解决的问题和现象。虽然该方法不能得到关于研究问题和现象的精确评估，但是模糊的评估就能达到比较研究的目的。模糊数学估算法被广泛运用于公平性研究、福利分析等领域。在阿玛蒂亚·森（2009）的研究中，福利被定义为"一个人选择有理由珍视的生活的实质自由"。福利实际上是一个难以精确计算、词义广泛和在一定程度上模糊的概念。例如关于工作满意度的研究，因为工作满意度很难客观计算，所以适宜采用模糊数学估算法。

1. 家庭农场不同资源获取机制下农户福利的模糊函数设定

将家庭农场不同资源获取机制下农户福利状况表示为模糊函数集 X，设家庭农场不同资源获取机制下的福利内容为 X 的子集 W，则第 n 个农户的福利函数可表示为 $W(n) = \{x, A(x_{ij})\}$，其中，$x \in X$，$A(x_{ij})$ 则是 x 对 W 的隶属度，一般认为隶属度取值为 0 到 1 之间。当隶属度取值为 1 时，代表其福利状态是非常好的，而隶属度为 0 时则表示其福利状态极差。0 和 1 分别代表福利状态的 2 个极端，因此隶属度取值为 0.5 时，则农户福利算不上好也算不上差，这是一个比较模糊的福利状态。隶属度取值越大表示农户福利状况越好。

根据研究背景和指标的类型，我们可以选择适当的隶属函数。在此方面的研究中，指标变量通常存在三种类型，对于不同类型的变量，隶属函数的选择也将不同。指标变量的三种类型主要是：虚拟二分变量（用 D 表示）、虚拟定性变量（用 Q 表示）和连续变量（用 C 表示）。

虚拟二分变量是指只存在"是"或"否"的情况，对于只存在这两种情况的指标，其隶属函数可表示为式（7-1）：

$$A(x_{ij}) = \begin{cases} 0 & x_{ij} = 0 \\ 1 & x_{ij} = 1 \end{cases} \tag{7-1}$$

虚拟定性变量是针对无法得到定量统计的数据，通过多类别赋值，将其转化为可分析的定量数据。对于这种类别的变量，隶属函数可表示为式（7-2）：

$$A(x_{ij}) = \begin{cases} 0 & x_{ij} \leqslant x_{ij}^{\min} \\ \dfrac{x_{ij} - x_{ij}^{\min}}{x_{ij}^{\max} - x_{ij}^{\min}} & x_{ij}^{\min} < x_{ij} < x_{ij}^{\max} \\ 1 & x_{ij} \geqslant x_{ij}^{\max} \end{cases} \tag{7-2}$$

当指标变量为连续变量时，其隶属函数存在两种情况：式（7-3）表示指标变量与农户福利是正相关关系，式（7-4）表示指标变量与农户福利是负相关关系。

$$A(x_{ij}) = \begin{cases} 0 & 0 \leqslant x_{ij} \leqslant x_{ij}^{\min} \\ \dfrac{x_{ij} - x_{ij}^{\min}}{x_{ij}^{\max} - x_{ij}^{\min}} & x_{ij}^{\min} < x_{ij} < x_{ij}^{\max} \\ 1 & x_{ij} \geqslant x_{ij}^{\max} \end{cases} \tag{7-3}$$

$$A(x_{ij}) = \begin{cases} 0 & 0 \leqslant x_{ij} \leqslant x_{ij}^{\min} \\ \dfrac{x_{ij}^{\max} - x_{ij}}{x_{ij}^{\max} - x_{ij}^{\min}} & x_{ij}^{\min} < x_{ij} < x_{ij}^{\max} \\ 1 & x_{ij} \geqslant x_{ij}^{\max} \end{cases} \tag{7-4}$$

通过以上各式可以得到各项指标隶属度。但是获得关于总体的福利状况评价还需确定合理的权重结构。对于任何多指标的综合评价模型，确定指标权重是模型中的重要一步。常见的确定权重的方法有很多，如熵权系数法、专家打分法、层次分析法和二元对比排序法等。由于在确定综合评价指标权重时，熵权系数法可以减少人为因素对评价结果的影响，从而使评价结果更具科学性和有效性。因此，研究采用熵权系数法来确定指标权重 w_j：

（1）计算第 j 个评价指标的规范化向量 r_j 的熵：

$$E_j = -k \sum_{i=1}^{m} f_{ij} \ln f_{ij} \qquad (7-5)$$

式（7-5）中，$f_{ij} = r_{ij} / \sum_{i=1}^{m} r_{ij}$，$k = \dfrac{1}{\ln m}$，$0 \leqslant E_j \leqslant 1$，并假定当 $f_{ij} = 0$ 时，$f_{ij} \ln f_{ij} = 0$。指标 j 的熵 E_j 越大，说明各评价目标在该指标上的取值与该指标最优值的差异程度越小。

（2）计算第 j 个评价指标的熵权系数 w_j：

$$w_j = (1 - E_j) / (n - \sum_{j=1}^{n} E_j) \qquad (7-6)$$

2. 农户福利的功能指标

参照阿玛蒂亚·森关于发展及可行能力的理论，本书考察家庭农场不同资源获取机制下的农户福利状况。根据家庭农场的三类资源获取机制下的农户行为及发展表现，研究选取家庭经济收入、社会保障、劳动力市场化状况以及心理这四个方面的指标作为功能性活动指标。这些功能性活动指标基本反映了农户在家庭农场发展背景下在经济、社会保障、劳动力市场化程度以及生活满意度等方面的情况，同时也反映了农户福利的基本情况。

（1）家庭经济收入。家庭经济收入不是衡量农户福利的唯一指标，但是最关键的指标，它构成了农户获取其他功能性活动的经济基础。农户的社会保障状况及娱乐消费都与家庭经济收入有关。在家庭农场发展的背景下，农户的家庭生计出现变化。根据家庭农场获取资源的不同方式，土地对农户家庭生计的作用也会不同。如在市场机制下的土地流转，农户能够获得较高的租金收入，但同时农户也将不能获得来自土地的养老或失业保障，农户将不得不进入市场就业，部分缺乏人力资本的农户在劳动力市场化的过程中遭遇重重困难（如时间的束缚、工作机会的不稳定性、苦力活带来的身体吃不消、对未来及养老的不确定性等）。在社区机制下的土地流转，农户虽然只获得了较低的租金，但是在需要土地的时候仍然可以拿回来自己耕种，这样在农业和非农工作选择之间将更加自由。本书把农户的家庭经济收入具体操作化为以下三个方面的指标：农业收入、非农收入、其他收入。这三个指标可以反映农户从事农业或者非农工作的基本状况，在将土地流转给家庭农场的农户中，其农业收入一般情况下是下降的，除非农户通过其他方式获得额外的土地，而农户的非农收入可能是增加的也可能是减少的，这与农户的人力资本状况有关。

（2）社会保障。在我国城乡统筹社会养老保险制度刚刚起步和医疗保障能力有限的情况下，国家对农民的社会保障仍然是不充分的。然而，土地作为农民世世代代安身立命之本，它不仅使农户获取生存资源和收入的保障，也是不少农户获得尊严和心理安稳的基础。即使在农村市场化大力推进、农村劳动力大量转移的情况下，农户对土地的重视和依赖依然没有减轻。特别对于第一代农民工而言，他们在城市工作了大半辈子，但是并不能在城市站稳脚跟，他们最后都会回到农村养老。王克强等（2005）对甘肃、湖北、江苏、上海的调查发现，集体土地对本集体农民的 6 大效应中，生活保障功效和就业机会保障功效在效用重要性排序中，排在第一位和第三位。这说明土地对农民社会保障的重要性。对于将土地流转给家庭农场的农户而言，家庭农场不同的资源获取机制将导致社会保障的不同。例如高租金的市场机制和政府机制就无法发挥土地的社会保障功能，但是社区机制就能将土地的社会保障功能和经济功能结合起来。反映社会保障作用的指标主要有：农地面积、实际经营土地面积、恩格尔系数、养老方式。农地面积和实际经营土地面积都是反映土地社会保障作用状况的，恩格尔系数则是指农民在土地流转前后，食品支出在总支出的比重状况。该值越大说明食品支出越多，土地的保障作用越弱。家庭农场不同资源获取方式下的农户恩格尔系数比值越大，说明不同资源获取方式对农户生活保障的影响越大。养老方式是反映养老保障的指标，在本书中，该值越大说明农地对农民的养老保障作用越小。

（3）劳动力市场化状况。劳动力市场化状况是农民在市场化进程中经历的主要市场体验。农民既可能雇用他人从事农业或者非农工作，也可能受雇于他人从事农业或者非农工作。农民雇用和受雇的情况反映了当地劳动力市场化的程度。在家庭农场发展的背景下，家庭农场由于规模大和农业生产的时节性要求，往往对当地劳动力存在需求，这种需求也表现为数量和时间上的差别。不同的资源获取模式下，家庭农场的规模存在差异，对劳动力的需求存在差异。对于将土地流转给家庭农场的农户，他们可以选择受雇于家庭农场，在本地从事农业工作，也可以选择从事非农工作，而这些往往与家庭农场的需求有关。因此，本书选取劳动力市场化状况反映家庭农场不同资源获取机制下，农户与家庭农场关系的和谐程度。反映劳动力市场化状况的主要指标有：在农业生产中是否雇用他人，是否受雇于他人从事农业生产、是否在本地从事非农工作。这三个指标与农户福利之间均为正向关系，因为农户劳动力市场化程度越高，说明农户与家庭农场的关系越和谐，农户的福利水平越高。

（4）心理。个体的心理也构成了个体福利的主要组成部分。心理上的满足和快乐能够促进福利水平的提升。在家庭农场资源获取的不同机制下，农户心理上的变化也构成了农户与家庭农场关系的重要评判标准。因为家庭农场的发展意味着资源的集中和农户在村庄中地位的变化，这些都会对农户心理造成影响。本书选取文化娱乐消费支出在总支出的比重作为衡量农户心理状况的主要指标。相较于以往用主观标准来衡量心理状况，文化娱乐消费支出占总支出的比重这一客观标准更具有说服力。比值越大说明农户心里越愉快，因此该指标也为正向指标。

3. 确定转换因素

阿玛蒂亚·森（2009）在考察各种功能性活动时，认为存在某些促使或阻碍商品（或服务）向功能性活动的转换，比如人与人之间的差别、环境的变化及其差异等因素是影响可行能力和福利的因素。这些影响因素被称为转换因素。转换因素表明了商品和服务向福利的转换程度和效率的差异，这种差异进而影响福利的"生产"（高进云、乔荣峰、张安录，2007）。本书根据家庭农场发展背景下农户福利的影响机制，将家庭特征、人情支出、地区社会经济环境特征确定为转换因素。家庭特征反映的是个人差异性、家庭生命周期差异性对农户福利的影响；人情支出则刻画了社会氛围和人际关系的差异性对农户福利的影响；而地区社会经济环境特征则表示环境多样性对农户功能性活动转换的影响。

家庭特征。家庭是个体社会化的首要场所，是最小的社会单元，直接影响农户的幸福感知，因此农户家庭特征是农户福利的转化因素，即各种功能性活动所指示的农户福利将因农户家庭特征的不同而不同。本书选择户主年龄、文化程度、婚姻状况、身体健康状况、家庭生命周期作为农户家庭特征的主要衡量指标。户主年龄、文化程度、身体健康状况直接决定了其获取经济收入的能力大小，从而影响农户福利；而婚姻状况和家庭生命周期则体现了个体对生活的满意度。一般情况下，已婚家庭要比离婚和丧偶家庭更能体会到生活的幸福，而处于不同生命阶段的家庭面对的人生任务和情境不同，其对生活的体悟不同。

"人情"体现了人与人之间的互动关系。费孝通是这样描述中国人情的："亲密社群的团结性就依赖于各分子之间都相互拖欠着未了的人情。在我们社会里看得最清楚，朋友之间抢着回账，意思是要对方欠自己一笔人情，像是一笔投资。欠了别人的人情就得找一个机会加重一些去回个礼，加重一些就在使对方反欠了自己一笔人情。来来往往，维持着人和人之间的互助合作。"① 在乡土社会，人情体现的是一种礼俗文化，在礼俗规范的要求下，大家各自以己为中心，按照在关系网络中的位置行事，形成差序格局。农户的人情支出是农户参与人情往来和社会交际的主要费用。在同一个地方，人情支出高的家庭拥有更多的关系网络，因此获得的关系支持更多。而人情支出低的家庭，其社会交际范围相对较小，他们的功能性活动受到一定程度的阻碍。

地区社会经济环境特征在很大程度上影响了农户的非农工作机会和土地流转的意愿。社会经济发达的地区，更能为农户提供非农工作机会，因此土地流转的意愿更加强烈，他们对家庭农场资源占有和集中的态度更为温和或者欢迎。而社会经济欠发达的地区，农户非农工作的机会相对较低，农户土地流转的意愿则不强烈，在这样一种社会经济环境下发展家庭农场，则有可能产生农户对家庭农场认同度低、关系紧张等结果。因此，地区社会经济环境特征也是影响家庭农场不同资源获取方式下农户福利水平的主要转换因素。本书主要选择各地的第二、第三产业比重、人均 GDP 作为反映地区社会经济环境特征的主要指标。

4. 功能性活动各指标取值说明

在计算功能性活动各指标隶属度时对最大值、最小值的取值是关键。如果指标与农户福利正向关系，当实际值超过各指标最大值时表示农户福

---

① 费孝通 . 乡土中国 生育制度［M］. 北京：北京大学出版社，1998：73.

利处于最好的状态；当实际值小于各指标最小值时表示农户福利处于最差的状态。如果指标与农户福利负相关，那么当实际值超过最大值时表示农户福利处于最差的状态；反之，当实际值小于最小值时，表示农户福利处于最好的状态。根据全国中部地区农户的普遍情况，结合前人研究成果，各指标说明及取值如表7-2所示。

表7-2　　家庭农场不同资源获取机制下农户功能性活动及指标

功能性活动及指标	变量类型	隶属度	最大值	最小值
1. 家庭经济收入				
（1）农业收入	C	家庭农业收入	20 000	0
（2）非农收入	C	家庭非农收入	50 000	0
（3）其他收入	C	转移性收入与财产性收入	1 500	0
2. 社会保障				
（1）农地面积	C	家庭承包田面积	10	0
（2）实际经营土地面积	C	实际经营土地面积	20	0
（3）恩格尔系数	C	食品支出/总支出	0.59	0.30
（4）家里老人养老主要依靠方式	Q	1＝土地；2＝子女；3＝积蓄；4＝国家养老保险；5＝商业养老保险；6＝退休工资	6	1
3. 农村劳动力市场化状况				
（1）农业生产是否雇用他人	D	1表示是；0表示否	1	0
（2）是否受雇于他人从事农业生产	D	1表示是；0表示否	1	0
（3）是否在本地从事非农工作	D	1表示是；0表示否	1	0
4. 心理				
文化休闲娱乐支出	C		10 000	300

资料来源：根据调研情况自制。

7.1.4　实证分析与结果

1. 家庭农场不同资源获取机制下的农户福利评价结果

从表7-3中可以得出家庭农场不同资源获取机制下农户福利的模糊估计。总体来看，家庭农场三种资源获取机制下的农户福利水平都偏低

（小于 0.5）。其中，市场机制 II 是相对能够为农户带来最大福利的方式。家庭农场不同资源获取方式对农户福利各功能获取情况的影响程度各不相同。相对而言，市场机制 I 在农村劳动力市场化状况方面处于较好的福利状态；市场机制 II 下的农户在家庭经济收入、心理方面处于较好的福利状态，在社会保障方面则相对较差。能够为农户带来社会保障方面最好福利状态的是社区机制。这是因为社区机制下家庭农场流转自农户的土地依然也在承担社会保障方面的功能。此种方式下的土地流转租金低，但农户可以随时拿回土地，因此土地依然发挥着养老和失业保障的功能。

表 7 – 3　　家庭农场不同资源获取机制下农户福利状况的模糊评估

功能性活动及指标	变量类型	隶属度		
		市场机制 I （宁津县）	市场机制 II （公安县）	社区机制 （襄城区）
1. 家庭经济收入	—	0.390	0.714	0.403
（1）农业收入	C	0.318	0.520	0.443
（2）非农收入	C	0.384	0.408	0.367
（3）其他收入	C	0.427	0.966	0.404
2. 社会保障	—	0.341	0.400	0.413
（1）农地面积	C	0.499	0.710	0.493
（2）实际经营土地面积	C	0.269	0.404	0.439
（3）恩格尔系数	C	0.244	0.039	0.213
（4）家里老人养老依靠方式	Q	0.205	0.146	0.400
3. 农村劳动力市场化状况	—	0.150	0.148	0.104
（1）农业生产是否雇用他人	D	0.107	0.156	0.112
（2）是否受雇于他人从事农业生产	D	0.172	0.170	0.112
（3）是否在本地从事非农工作	D	0.100	0.114	0.084
4. 心理	—	0.122	0.255	0.215
文化休闲娱乐支出	C	0.122	0.255	0.215
总模糊值		0.284	0.417	0.284

注：（1）变量类型 C、D、Q 分别表示连续变量、虚拟二分变量、虚拟定性变量；（2）限于研究目的和篇幅，各转换因素下的农户福利状况的模糊评价暂未报告。

（1）农户的家庭经济收入。在农户的家庭经济收入方面，市场机制Ⅱ下农户的福利水平要显著高于市场机制Ⅰ和社区机制。而且，在家庭经济收入的各指标（农业收入、非农收入和其他收入）方面，农户的福利水平都是最好的。尤其是农业收入和其他收入，市场机制Ⅱ下的农户福利都超过了0.5的模糊状态，表现为较好的福利水平。总体来看，市场机制Ⅱ下的农户福利水平是市场机制Ⅰ下农户福利水平的2倍。这主要是因为市场机制Ⅱ是以村集体为中介的土地流转，不仅节省了交易费用，而且形成了较好的谈判能力，提高了土地流转的价格。如市场机制Ⅱ所在的湖北省公安县军村旱地的流转价格达到了800元/亩，这一价格将近农户旱地纯收入的2倍。在非农收入方面，农户的福利水平从高到低依次为：市场机制Ⅱ、社区机制、市场机制Ⅰ。值得注意的是，市场机制Ⅰ下的农户在非农收入方面的福利水平最低，这与农村要素市场化通常会促进农户非农收入增加的结论并不一致，主要是因为目前中国农业生产的主力是正在步入老龄化的第一代农民，他们放弃耕种土地是家庭农场获取土地资源的主要方式，而这些第一代农民家庭在土地转出之后，因劳动力的老龄化而无法获得较高的非农收入。

（2）农户的社会保障状况。在家庭农场获取资源的三种不同机制中，农户社会保障状况的福利水平逐渐上升：市场机制Ⅰ（0.341）<市场机制Ⅱ（0.400）<社区机制（0.413）。其中，社区机制下的农户福利水平达到了0.413的模糊状态，向好的方向转变。然而，社会保障各指标的福利水平因为家庭农场三种不同资源获取机制而呈现较大的不同。市场机制Ⅱ在农地面积方面能够为农户带来比较好的福利（0.710），市场机制Ⅰ则在恩格尔系数方面能够为农户带来较好的福利，社区机制则在实际经营土地面积和家里老人养老主要依靠方式上处于相对最好的福利水平。这说明家庭农场不同的资源获取机制下，农户对资源的占有格局和占有能力表现出较大的差异。社区机制下的农户仍然具有较好的占有能力，其实际经营土地面积处于0.439的福利模糊状态；而市场机制Ⅰ下的农户实际经营土地面积则处于0.269的较差福利状态。农户的养老保障福利状态则和农户实际经营土地面积的福利状态分布相同，即社区机制好于市场机制Ⅱ，市场机制Ⅱ好于市场机制Ⅰ。

（3）农村劳动力市场化状况。家庭农场不同资源获取机制下，农户在农村劳动力市场化状况方面的福利状态均较差。市场机制Ⅰ下的农村劳动力市场化福利水平相对高于市场机制Ⅰ和社区机制。社区机制下的农村劳动力市场化福利水平最低，这与社区机制农户出卖劳动力最少有关。社区机制下的农户较少受雇于他人或在本地从事非农工作，受雇于他人或在本地从事非农工作给社区机制下的农户带来的福利水平分别是 0.012 和 0.084，均低于家庭农场其他资源获取机制下的农户福利水平。相对于社区机制，市场机制则更能促进农村劳动力市场化。市场机制Ⅰ下农户受雇于他人带来的福利水平最高。这说明市场机制Ⅰ下，家庭农场发展产生了必不可少的农业雇工需求，土地流转农户就近在农场里工作，相对而言增加了劳动力在地市场化收入。总体而言，无论家庭农场采取何种资源获取机制，农户在劳动力市场化方面的福利状态并不好。这也说明了农业劳动力老龄化背景下，家庭农场发展并不能让这些正在步入老龄化的劳动力顺利市场化并获取劳动收入。

（4）心理。家庭农场不同资源获取机制下，农户心理状态方面的福利水平均较低。大多数农户的文化娱乐消费支出低于 300 元，而 300 元仅是电视网费的基本费用。这说明农户在消费电视这一娱乐品外，很少有其他娱乐开销。虽然总体上农户的心理状态并不从容，但是市场机制Ⅱ下的农户福利水平是市场机制Ⅰ下的 2 倍。总体来说，农户心理状态方面，市场机制Ⅱ好于社区机制，社区机制好于市场机制Ⅰ。

2. 各功能隶属度农户比重分布

对于福利的各功能指标，不同福利水平中农户的比重分布相差很大。但总体来看，家庭农场三种资源获取机制下，大部分农户的福利都处于较差的状态。说明家庭农场与农户的利益联结机制尚十分缺乏，严重影响了农户的福利水平。对于处于不同水平的功能隶属度，农户比重分布详见表 7-4。

表 7-4　　　　　　　　各功能隶属度农户比重分布　　　　　　　单位：%

功能隶属度	家庭经济收入			社会保障			农村劳动力市场化状况			心理状态		
	G1	G2	G3	G1	G2	G3	G1	G2	G3	G1	G2	G3
0.000-0.100	36.2	3.2	34.9	31.2	37.0	29.7	87.5	86.0	89.8	90.0	63.0	22.2

续表

功能隶属度	家庭经济收入			社会保障			农村劳动力市场化状况			心理状态		
	G1	G2	G3	G1	G2	G3	G1	G2	G3	G1	G2	G3
0.101－0.200	12.8	19.0	15.1	13.5	7.0	5.4	0	0	0	0	3.7	33.3
0.201－0.300	7.3	19.0	8.5	10.6	6.0	5.4	0	0	0	0	7.4	35.6
0.301－0.400	5.5	4.8	2.8	8.9	12.5	14.4	0	0	0	0	0	2.2
0.401－0.500	6.9	19.0	2.8	11.7	8.0	12.6	0	0	0	0	0	2.2
0.501－0.600	3.7	3.2	2.8	8.5	7.0	9.9	0	0	0	0	3.7	0
0.601－0.700	4.1	3.2	2.8	4.6	7.5	6.3	0	0	0	0	0	0
0.701－0.800	2.8	3.2	2.8	2.5	5.0	7.2	0	0	0	0	0	0
0.801－0.900	0.9	0	2.8	1.1	0	1.8	0	0	0	0	7.4	2.2
0.901－1.000	19.7	25.4	24.5	7.4	10.0	7.2	12.5	14.0	10.2	10.0	14.8	2.2

注：G1、G2、G3分别表示市场机制Ⅰ、市场机制Ⅱ和社区机制。

（1）市场机制Ⅰ下的农户福利分布。市场机制Ⅰ主要以价格机制、竞争机制调节农户与家庭农场之间的资源分配。由于市场机制下，家庭农场通常是流转农户地理条件、土壤条件最好的土地，在小规模连片的基础上逐渐扩大其面积，农户表面上"自愿"流转，实际上是被其他农户流转土地的潮流所裹挟。流转租金并没有农户精耕细作下的亩均收益高，因此大部分农户的农业收入并没有给其带来较好的福利状态。家庭经济收入方面，有61.9%的农户福利水平处于比较差的状态（低于等于0.4）。社会保障方面，64.2%的农户处于较差的福利状态；劳动力市场化方面，有87.5%的农户福利状态较差，大部分农户并没有融入市场；90.0%的农户文化娱乐消费支出较低，从中获得的农户福利状态差。

（2）市场机制Ⅱ下的农户福利分布。市场机制Ⅱ下的家庭农场主要以村集体为中介获取最为关键的土地资源。村集体作为土地流转的中介，对村庄中的土地资源分配信息比较了解，最先对外流转的通常是集体机动地或者是农户耕种不便的成片土地，将这些土地集中外包有利于增加农户收入。因此，在家庭经济收入方面有54.0%的农户处于0.4以上的福利水平。但是在社会保障、劳动力市场化及心理状态方面，仍然是大部分农户处于 0.4 以下的较差福利状态。在社会保障、劳动力市场化及心理状态方面，处于较差福利状态的农户比例分别是 62.5%、86.0%、74.1%。

（3）社区机制下的农户福利分布。社区机制下的家庭农场主要通过社区内部的人情关系网络获得土地资源，土地租金低，流转期限不稳定，农户可以随时将土地拿回去。在社区机制下，大部分农户在家庭经济收入、社会保障、劳动力市场化状况、心理状况方面的福利水平较低。处于 0.4 及以下较差福利水平的农户在家庭经济收入、社会保障、劳动力市场化状况、心理状况各功能分布中的比例分别是 61.3%、55.0%、89.8%、93.3%。出现农户福利较差状态的主要原因在于：社区机制下农户主动选择将土地流转给家庭农场，通常与其家庭生命周期或人生阶段的任务（如子女上大学、子女成家）有关，当面临重大的货币化压力时，农户间歇性地外出从事非农工作。对于这部分农户，将土地流转给家庭农场并不是家庭经济条件好等原因所致。而就业一直非农化的农户（家庭条件本身较好的农户）由于并不在家，也就没有进入调查样本框。

综上所述，家庭农场不同资源获取机制下，农户福利呈现出不同的样态。土地资源是家庭农场发展最为关键的资源。家庭农场可以通过市场机制也可以通过社区机制获取土地资源。其中，市场机制又存在两种情况：市场机制 I 是家庭农场和农户双方自由协商、签订正式合约的资源流动方式；市场机制 II 是以农村集体经济组织为中介形成的土地流转方式。土地流转的社区机制则是以社区内部人情关系网络为基础而形成的。这样三种机制对农户福利的影响各不相同。家庭农场不同资源获取机制下，农户福利的分布存在较大的差异。通过运用数学模糊估算法对农户福利的模糊评价，可以得出如下三点结论。

第一，无论是市场机制还是社区机制，农户福利都呈现比较低的状态。这说明家庭农场发展与农户利益之间缺乏平衡，家庭农场发展并没有提升农户在家庭经济收入、社会保障、劳动力市场化和心理状态方面的幸福感受。家庭农场促进了村庄内部资源的集中和农业收入的集中分配，如何防止村庄内部过度的阶层分化和小农户的经济恶化是值得考虑的问题。实际上，因农地规模经营而出现的社会问题也逐渐得到重视。党的十九大后，促进小农户与现代农业发展有机衔接，坚持以人为中心的发展、实现全体人民共同富裕成为农业农村现代化的根本遵循。

第二，家庭农场获取资源的三种不同机制下，农户福利表现出较大差异。其中，以农村集体经济组织为中介的市场机制Ⅱ在家庭经济收入方面能够为农户带来相对最高的福利状态，而社区机制在社会保障方面能够为农户带来相对最高的福利状态。市场机制Ⅰ则最能促进劳动力的市场化，在劳动力市场化状况方面的福利水平是最好的。这与样本所在地农户的实际状况是吻合的。

第三，家庭农场发展的不同机制下，农村劳动力的市场化程度仍然很低。大多数农户既不雇用人从事农业生产，也不受雇于他人从事农业生产。在中西部地区，农户农业生产的逻辑是自给自足，为家庭成员提供保障。这一保障既包含口粮、蔬菜等家庭食物层面的保障，也包括为面向工业化与城市化的年轻一代提供稳定大后方的保障，因此中西部地区的农业生产也呈现出"留守型农业"的特征。中西部地区留守型农业还主要表现为老人农业，即农业经营者多为20世纪五六十年代出生的人口，是现阶段农村中70岁以下的低龄老人。一方面，家庭农场发展并未带来充足的受雇机会；另一方面，低龄老人的再就业显然十分困难。因此家庭农场发展背景下农村劳动力的市场化程度依旧不高。

研究表明，家庭农场三种不同资源获取机制下，农户的福利状态均较差。相对而言，市场机制Ⅰ在农村劳动力市场化程度方面，给农户的福利最大；市场机制Ⅱ在家庭经济收入方面带给农户的福利最大，而社区机制则在社会保障方面带给农户的福利最大。根据以上结论，促进家庭农场可持续发展可以从以下方面着手。

第一，丰富家庭农场与农户之间的利益联结机制。家庭农场获得了农户最为关键的土地资源，农户获得租金收益。土地对农户福利的影响不仅表现为经济收入、也表现为就业、养老保障、心理保障等多方面的功能。因此，家庭农场不仅要联合农户的土地，更要联合农户的劳动力。如有些家庭农场若条件合适，在经营传统粮食作物的同时也发展蔬菜产业，以稳定当地劳动力队伍，提高土地流出户收益。家庭农场也可以通过社会化服务联结周边小农户，在统防统治、机械化作业等方面带动小农户共享服务规模经济效益。

第二，促进小农户与现代农业有机衔接、构筑规模经营与小农户经营共同发展的格局。就今天的中国农业生产而言，小农户的主体是20世纪五六十年代出生的人，他们成长于新中国，走过了集体化和人民公社化到家庭承包制确立的历史进程，是改革开放后留守务农的主体，应该说这一代农民的务农经验是很丰富的。提出小农户与现代农业有机衔接的命题，一方面是小农户在农地规模经营的背景下有被边缘化甚至被抛出农业发展轨道的可能；另一方面也是因为小农户与现代农业生产要素的结合还存在诸多困难，如细碎化土地难以有效对接机械化大生产、小规模经营难以有效对接外部大市场、社会化服务成本太高等。因此促进小农户与现代农业有机衔接需要着力改善小农户发展环境。而改善小农户发展环境首先在于改变细碎化土地困局，让一户只有一到两块田，极大提高小农户农业生产便利程度。

第三，加大力度建设农村社会保障制度，创新农村社会养老方式。尽管目前国家城乡统筹养老保障制度在大力推进，但是其保障水平仍然有限。农户对土地的依赖仍然十分显著。家庭农场发展要获得农户的支持，根本上要解决农户的后顾之忧，尤其是步入老龄化的第一代农民的养老问题。作为留守在家的农村人口尤其是老年人口需要以土地来维系养老生活进而降低整个家庭的生活成本。在农村，老人没有固定的退休年龄，老人与土地的结合只有在身体吃不消时才被迫放弃，而随着机械化推进和人口老龄化发展，被迫放弃耕种劳动的老人年龄也在不断增长。老年人口不愿意放弃土地的主要原因既有经济层面的也有心理层面的。经济层面，子女认为老人在家务农，生活可自理，缺乏养老投入，且不少老人也为子女着想，尽量给家庭多做贡献而不是要求回馈；心理层面，老人对家庭养老的预期降低到只剩下送终一事，因此对生前的生活安排和生活秩序都缺乏安全稳定的预期。由此，社会保障制度建设不仅要在财力许可的情况下不断提高农村居民养老保障水平，也要更新农村养老方式，为越来越多的老年人口提供心理保障。农村传统的家庭养老因为子女外出变得十分脆弱，机构养老又成本太高。可以推广一些地方实行的村社互助养老模式，让低龄老人照顾高龄老人，实现在地化、低成本的养老。这一模式的特点是成本低、在地化、激活了熟人社会内部的信任机制，且能以村庄的公共性约束子女对父母的养老回馈。老人心理接受度高，生活满意度高，进而有效降低老人的土地情结，促进土地资源的相对集中。

7.2　家庭农场发展下的社区变迁

发展家庭农场与优化农业资源配置均是手段而不是目的。目的是让人活得更有尊严，让社会充满信任、更加和谐。农村社区是社会信任高度聚集的空间，家庭农场发展并不以消灭村庄社区为目标，我国农业农村现代化也不可能走"有农场而无村庄"的美国模式，那么实现家庭农场发展与社区的活力化就是中国特色农业农村现代化的应然选择。

家庭农场通过土地流转合约和劳动力合约获得发展不可缺少的土地资源和劳动力资源。家庭农场的土地资源和劳动力资源一般来自农村社区内部。社区是地理空间，同时也代表了一整套的社会规则。费孝通（1998）认为血缘与地缘的合一是社区的原始状态。基于血缘伦理规则而形塑的社区规范让社区的概念早已超越了地理空间的意义，而是包含了互助、合作、信任等社会资本在内的意涵。社区是一种重要的组织形式，它内部的组织原则正好可以规避市场和政府失灵，是现代经济增长中极为重要的载体。由此可以认为市场、政府和社区是三种不同的资源配置机制。市场配置资源的主要手段是价格，通过价格协调参与资源竞争的行动者；政府配置资源的主要手段是行政命令，而社区配置资源是依靠社区内成员基于一定的社会规范而达成的自愿合作（速水佑次郎、神门善久，2009）。各种形式的经济组织包括企业、家庭农场、农民专业合作社等新型农业经营主体在内，均会面临道德风险而引发的组织功能失调。但是当社区合作机制被考虑进组织形式和组织治理之中时，信任等社会资本的存在则很有可能抵御道德风险而带来的组织功能失调。在忽视社区机制作用的农地规模经营中，企图通过市场交易和等级制规则而建立农场模式的案例中，很难展现出高效率。这是由于农业生产劳作不同工业生产，它并不具备标准化的流程，劳作的质量是很难通过外部标准加以控制的。因此在质量信息不对称的情况下，市场机制要么是缺乏效率的，要么是不存在的。大部分雇工不能依靠纯粹的市场交易机制解决。因此，家庭农场要可持续性发展，仅仅通过合同获得所需的资源是不行的，家庭农场的生存和效率都与社区的支持分不开。第4章与第6章分别阐释了社区机制在家庭农场资源获取、合约治理等方面的作用，本小节将主要聚焦于家庭农场发展对农村社区的影响。实际上，家庭农场发展与农村社区变迁是双向互动，同频共振的过程。

7.2.1　家庭农场对社区发展的重要影响

世界范围内家庭农场大部分采取租地农场经营的形式，其发展与资本主义历史进程密不可分。英国农村资本主义生产方式确立的背后是租地农场的大发展和村庄的荒芜。租地农场以其租用的土地为基础，使用雇工而为市场生产。农场的经济状况直接受地租、工资和物价这几个因素的影响。历史的考察发现，租地农场经常呈现出"建立—发展—衰落—再建立"的循环往复。农场经营成功与失败都是很常见的事情，其发展并不是一帆风顺的。这些租地农场，有些可以发展为资本主义性质的大农场，即以雇佣劳动为基础，其生产受市场左右。但在租地农场发展的早期，租地农场往往介于资本家和农民之间，而且从性质上说，他们更偏向于农民家庭经济。具体而言，这些租地农场为市场而生产，但不为市场所左右，他们有雇工，但家庭劳动还是根本。但是后期的租地农场经营出现了早期资本主义的血腥特征，如圈地养羊导致大量人口减少、村庄荒废甚至"人口灭绝"（黄春高，2011）。美国家庭农场制度的确立离不开美国独立后长达一个世纪的西进运动。西进运动是一次大规模的向西移民和垦殖的过程。这一进程一方面促进了美国经济的迅速发展，同时也对印第安人及印第安种族带来了不可磨灭的伤害（孙江丽，2008）。美国政府以文明为由，强迫印第安人迁入保留地，因此获得了原本属于印第安人的广阔土地。因印第安人没有文字，不懂契约，美国政府称这些土地为"无主"土地，继而通过无偿分配、低价转让、向军人赠送、向国民授地等方式将土地分配给了广大移民，并通过《宅地法》等一系列法律逐渐确立了农业土地私有产权和交易制度，为美国家庭农场发展奠定了制度基础（孟莉娟，2015）。根据美国国会法案，西部土地被划分为无数个镇区，最初到达一个镇区的农民开垦当地最好的土地，占规划土地面积的1/3到1/2，剩余的坡地和劣质土地成为储备土地。随着农场经营和商品经济发展，镇区内逐渐形成经济社会互动网络，市镇也成为区域的经济中枢，它将有关的市场信息传达给网络体系中的每一个农场（何多奇，2009）。由此，美国乡村社区形成了独特的以小镇为中心的地理空间格局。

美国农业社会学对农场规模和社区福利关系的研究成为美国家庭农场研究的一个传统。他们关注农村社区经济力量和农村居民的社会经济福利。最早的研究通过对两个分别拥有大规模农场的社区和众多小农场为主的社区的研究，指出农场规模越大、农村社区福利越低的结论（Goldschmit，1978）。在这一传统下，后续的研究陆续表明，小到中等规模的农场为主导的农村社区将在资源配置上拥有最大化广泛性的基础控制，增进居民的经济独立；而在大规模农场为主导的农村社区，关键生产资源被集中控制，劳动者出卖劳动力而不是经营他们自己的农场。但是，也有学者指出，尽管存在农场规模与农村社区福利之间的消极关系，但这种关系能够被新出现的"中间阶层公民权的增加和经济独立"所调和。他们通过在农场规模与农村社区福利的影响模型中加入诸如"投票率""教堂参与率""自我雇用比例"等这些控制变量，发现农村规模与农村社区福利之间的相关度被弱化了（Lyson et al.，2001）。另有学者在后续的研究中发现，大规模、工业化农场并不是对农村社区福利有固有的消极影响，是否有消极影响主要取决于公共政策环境，因为不同的法律对农场资源配置中的管理权控制和所有权控制做了不同的规定（Lyson et al.，2001；Rick Welsh，2009）。此外，有的研究指出，随着市场结构的变化，农场结构也发生了改变，这种改变进而影响了关于农场规模与社区福利之间关系的判断。农业市场结构的显著变化包括纵向一体化、横向一体化、合同制生产、有机综合市场和专门市场等。这些市场结构变化带来的结果是在农场结构中，由股东组成的合作农场在农场总数中的占比上升，且在农场销售额中的份额有显著上升。这些促进了直接销售市场的形成，拉近了生产者和消费者之间的距离，重建了食品生产和消费过程中人们的互动网络，向消费者展示了社区的独特性，提高了农民收入，增加了社区福利（Rick Welsh，2009）。除上述研究外，农场规模与地方资源保护也成为重要议题。有研究指出，没有地方参与的社区资源的集中并不会导致社区满意。如为促进食品体制的发展，美国农场政策为大规模农场提供不恰当的激励与补助，导致了专业化和农场的扩张，进而影响中等和小规模农场的生存。新的政策改变了地方农业和社区结构，地方经济被依靠国际合作的全球食品体制所组织。扩张政策和地方结构的改变并没有增强社区的自我满意反而制造了社区环境的脆弱，如地方自治的消解，企业的合并、扩张、专业化，作物物种的简化，生产机械化等，同时也增加了小规模和中等规模农民的市场壁垒、生态系统结构或功能过度控制而带来的环境理性化，减少了当地动植物的多样性（Jason Show Parker，2013）。

综上所述，关于农场与社区发展之间的关系研究重在考察农场发展造成的社区资源集中对社区发展的影响，其中农场规模是关键变量。因此，本小节将以两个村庄的案例为基础，分析大农场主导的村庄与小农户主导的村庄在社区福利变迁方面的差异。家庭农场的发展有助于农村市场化的进一步发展。农民在市场法则下并不是就此逃脱了社区机制的限制，其发展不仅受到各种合约关系的约束，也会受到社会舆论乃至社区道德规范的影响。农场的规模与经营的实况在农村形成了不同的舆论环境，其结果是有的农场促进了社区内部的合作，而有的农场则相反。家庭农场发展与社区福利变迁将从以下层面考察：（1）经营逻辑与生产关系；（2）灌溉系统运作的变化促进合作还是不利于合作；（3）社区自治与民主参与的作用。

7.2.2　资料来源与田野概况

案例资料来自笔者在湖北军村与河村的田野考察。湖北军村的田野调查时间为 2014 年 11 月，湖北河村的田野调查时间为 2014 年 7 月。

湖北军村位于江汉平原腹地，地势平坦，灌溉便利。军村现有人口2 396 人，625 户，劳动力 800 多人。全村现有耕地面积按 4 200 亩，水旱各半。军村传统农业种植模式是旱地棉花 – 小麦/油菜轮作；水田水稻 – 小麦/油菜轮作。军村现有 800 多个劳动力中，绝大部分在外务工，其中本县务工的占 50%，外地务工的占 50%。外地务工的多是 40 岁以下且进厂务工的人员。而在本地务工的多是 40 岁以上，集中在本地县城。军村离县城 15 公里，因此本地务工劳动力多采取早出晚归的形式。军村现有规模经营主体两家，经营总面积为 1 073 亩，占全村耕地面积的 25.5%，全村剩余耕地面积被分散的小农户所耕种。这两家的基本情况如下：（1）汪某，50 多岁，流转九组、十二组两个村民组全部的水田，面积达 608 亩，种植水稻和小麦。汪某长期从事粮食加工，有自己的大米加工厂，现企业占地面积扩大到 50 亩，已发展为当地乡镇唯一一家年生产 2 000 万元的规模企业，是当地的纳税大户。（2）何某，流转九组、十二组及十一组的旱地，总面积达 465 亩，种植甜玉米。后因经营管理不善，将土地转手于该村的一个农户段某种植西瓜和西兰花。

湖北河村位于长江流域与淮河流域的交界处，地势平坦，全村现有耕地面积 2 221 亩，全部实行稻麦轮作。河村在农业学大寨时期是当地的明星村，建成了畦田纵横、灌溉成网、绿树成行的农田格局。全村劳动力无论男女都接受了较为全面的农技培训，以至于务工潮兴起后，当地出现大量妇女留守务农的现象，无论是生产安排还是具体的打药施肥等操作，在村妇女均能独立完成。河村位于水系末端，因近年来天气干旱加之上游水库被人承包，河村灌溉成了农业生产的老大难问题。河村的经营格局因 2013 年一个大老板回乡而转型为被大农场所主导。河村的这家大农场于 2013 年春流转土地从事规模经营，主要种植水稻和小麦，经营面积达 1 646 亩，占全村耕地面积的 74.1%。农场主与河村村委会签订土地流转合同，与农户签订分合同，合同租期为 15 年，即从 2013 年到 2028 年。土地流转价格为 888 元/亩，租金在每年 4 月交付给村委会，由村委会代为转发给各农户。合同规定，租金价格在粮食价格基础上每 500 克上浮 2 毛钱时，每亩上涨 50 元。河村大农场未能流转的土地主要位于河村 4 组，4 组的农户均不同意土地流转，其原因是他们的土地靠近水源，灌溉便利。少量在农场经营的大区域内的土地也未流转，而是由农户耕种，这些土地虽未靠近水源，但农户可以利用自家的生活水井进行农田灌溉。河村距离城区 11 公里，有城市公交通过村口。河村现有人口 2 339 人，589 户，劳动力 1 400 多人。河村劳动力大部分在外务工，其中本地城区务工的占 50%，外出务工的占 40%。外出务工的劳动力中，有手艺的劳动力约占 40%，一年收入七八万元；没有手艺的劳动力占 60%，一年收入约 3 万元。

7.2.3　案例比较分析

通过案例描述可以发现，军村与河村的农场结构具有很大的差别。军村是以小农户经营为主导的村庄，而河村是大农场所主导的村庄。以下的分析将显示这两个村庄在经营逻辑与生产关系、灌溉系统运作、社区自治与民主参与状况之间的显著差别。这种显著差别与当地农业经营结构及其所形成的农场势能有关。

1. 两个村庄的经营逻辑与生产关系

大规模土地流转前,军村与河村的土地均由在家农户耕种,有的农户在耕种自家承包地的基础上也流转亲友邻居的土地耕种。土地大规模流转后,河村形成了一家大农场绝对主导村庄农业生产及农业资源利用的格局;军村形成了 2 家中等规模的农场,就全村而言仍然是小农户主导村庄农业生产和农业资源利用格局。

河村农业资源利用在大农场与少量农户之间处于完全不对等的格局。大农场具有强大的势能,能较为顺利地重构村庄水土基础和服务市场,促进资本对劳动力的替代,大大加速村庄农业资本化进程。河村大农场在流转全村近 75% 的土地的同时也承包了村集体所有的泵站。根据机械化耕作和大田实际用水需求,大农场投入资金轻松实现对农业水土条件的再造。实际经营行为中,大农场展现出强烈的劳动成本控制逻辑和风险规避逻辑,因此烘干机等新型机械设备的投入成为种粮大户的必然选择。在没有烘干机械设备的情况下,大农场需要雇用大批工人配合收割机工作,如给粮食装袋;也要雇用大批工人将袋装粮食运往村内公路等空旷场地摊晒;还需雇用不少工人专门翻晒稻谷;稻谷晒干后再由人工打包装袋。在这中间既要防范农户往家里扛粮食等道德风险的发生,也要防范天气下雨等自然风险的发生。而烘干机形塑了一套新的收割程序,收割机收下的稻谷直接装车运到烘干机里烘干,再由收购商下仓库直接装车运走。新的大型机械设备的投入均有效替代了劳动投入。除此之外,在插秧环节,大农场也积极寻找替代传统手插秧的新模式。手插秧劳动强度大,辛苦程度高,是生产雇工中工资最高的环节;旱秧采取稻种直播技术,但产量远远赶不上手插秧;机插秧则以其对劳动力的节省及对产量的相对保障,成为种粮大户资本化投资的重点。河村大农场第一年经营由于经验缺乏,接近 1 000亩的面积采用手插秧模式,600 亩采用机插秧,剩余面积因秧苗不够采用旱秧模式。手插秧亩均产量 550 公斤,机插秧亩均产量 450 公斤,旱秧亩均产量 350 公斤。在当地,小农户亩均产量约为 650 公斤。小农户因劳动力投入不计成本,尽量通过"小而精"的模式追求亩均产量最大化。大农场则因追求规模效益，以控制劳动成本为行为逻辑，资本对劳动的替代逐渐覆盖不同的生产环节，水稻生产的全程机械化成为大农场经营的主要目标。这一追求有效重塑了当地的社会化服务体系，村庄为小农户服务的农资店、农机专业户首当其冲受到冲击，生存空间受到极大的压缩乃至丧失了生存空间。

大农场经营对普通农户而言，意味着生活空间与生产空间的剥离，在地收入的变化及意义载体与归属的变化。因大农场必然以资本替代劳动，资本大户与普通农户之间的矛盾不可避免。普通农户在将土地经营权转让给资本大户时，以承包权获取流转收益。这一方式类似于台湾的"小地主大佃农"模式。台湾这一模式的背后是政府出台的政策组合拳，这一套政策组合拳让拥有小块土地地权的农民拥有退出经营的内生动力，进而为土地的集中创造有利条件。如政府为退休老年农民发放退休津贴，承担离地农民的就业辅导和理财规划辅导成本、发挥农会的积极作用等（邓大才，2011）。而我们在土地集中问题上并没有足够的政策支持，仅靠一亩地约700元的土地租金远远难以支撑在村农户的生活，导致在村老年农民依旧尤其看中本地务工机会。资本大户替代劳动的动机与在村老年农民渴望劳动的需求之间存在天然的矛盾。即使能够被大农场雇用的少量农民也因其经营的独立性自主性丧失而对现有处境不满。

军村土地资源配置格局上，农场经营未能形成笼罩优势。与农户经营相比，农场经营未构成绝对优势的势能。军村经营粮食的农场也经营粮食加工厂，在粮食生产经营行为上，并不存在强烈的资本替代劳动的需求。一是雇用了土地流出户的部分农民作为雇工团队，稳定了一批农民在村务农；二是购买原先在村农机专业户的农机服务，或雇用农机手从事自有农机作业；三是在农资采购方面，既有农资直购也适当照顾本村农资店生意。因此，该粮食农场体现出对村庄生产秩序的嵌入性，而不是另起炉灶，再造一套完全有别于小农户的村庄生产经营秩序。军村另外一家从事蔬菜种植的家庭农场属于外地资本下乡，流转的收益不高的旱地，对农户而言旱地流转本身就是有利可图的，经济划算的，加之蔬菜种植是劳动密集型产业，需要大量的劳动力，也能进一步增加在村农户的经济收入。总体上看，军村农场与农户之间利益相容度较高，农户能在农场经营中拥有获得感。

2. 两个村庄灌溉系统运作的比较

灌溉合作是农业生产中最基本的合作。在稻作区，灌溉系统有着举足轻重的作用，稻田用水的便利程度不仅与灌溉设施的配置有关，更与灌溉过程中的合作状况有关。由于农户田地离水源距离有差异，灌溉合作中极易产生搭便车的行为。如离水源近的农户私自放水，让离水源远的农户耗费更多的抽水成本。因此，灌溉一直作为地方公共品，由社区组织来供给。虽然曾经有过理论假设认为水资源是公共资源，为国家所有，因此来自外部的干预能够为当地水资源的分配建立规则，不少国际援助机构就是这样做的。但是越来越多的实地研究发现，占有者自身常常制定和实施他们自己的规则，这种规则往往也是有效的。由于社区最早是以血缘、地缘为基础的，而血缘关系、地缘关系构成了一个最基本的合作群。水资源的配置慢慢也演变为以社区为单位的合作。意识到相互依赖的重要性，社区内的人们往往能制定和实施一套行之有效的制度。

军村现有的灌溉体系初步形成于 20 世纪 80 年代，后在 1999 年国家农业综合开发项目的支撑下重建。重建时在干流上设置了一个泵站，以保障用水高峰期的用水需求。经过两次建设，军村的水利体系基本上能有效实现旱能灌、涝能排，为农业生产提供有效保障。军村土地大规模流转前，每个村民小组都有自己的机台，农田灌溉以小组为单位，实现小组内的统一灌溉。土地规模流转后，只有一个农场从事稻作生产，依赖当地的农田水利系统。这个农场 608 亩的面积来自 2 个村民小组的全部水田。农场的土地位于水源的末端，因此必须与其他村民组的农户共享社区水资源。但是，农场同时也位于全村农田排水的最前端，农户农田排水都需经过农场所辖支渠。可以看出，农户与农场是一种相互依赖的关系。村庄的灌溉仍然要发挥社区层面的合作。在农户为农业生产主导的村庄，这种合作主要来自对走出"公地悲剧"和囚徒困境的共识，是博弈后形成的均衡。但这种合作也源于信任。农场是本地村民所办，农场主认同当地社区规范，遵守与农户合作的准则，规则容易得到遵守和执行，农场为社区规范所主导。在这样的情况下，社区规范乃至社区合作都得以维持和延续。

河村现有的灌溉体系初步形成于 20 世纪 60 年代，当时的河村因为全村进行了土地整理和规划，形成了田成块、路相连、渠相通、林成网、旱能灌、涝能排的现代农田格局，一跃成为当时的明星村。河村与相邻村庄均沿着清河分布，由于当地降雨偏少，清河经常满足不了沿线村庄的用水需求，而得从外调水过来。水资源的紧缺对当地灌溉合作提出了更高的要求，否则远离水源农田的正常灌溉用水就无法保障。在土地流转前，农田灌溉用水主要依靠村级组织向各组农户提供，虽然村民小组与村民小组之间也会因为用水产生纠纷，但是基于长期的共同生产生活，水源距离远近的村民组之间在用水紧张的时期也能达成共识：每次集体放水，全村农田均得有水上田。土地大规模流转后，河村大农场经营耕地面积占全村耕地面积的74.1%。社区内部的灌溉合作基本上瓦解。大农场绝对主导了当地的灌溉系统，对小户生产进行打压。大农场买断了属于村集体所有的泵站，该泵站从清河抽水到河村农田。靠近水源地而未参与流转的河村四组农户，其农田灌溉用水也不得不依靠大农场。然而，大农场向农户收取的水费高于往年，引来四组农户的普遍不满。此外，大农场由于农田面积大，往往不同意四组农户优先放水。为此，四组农户与大农场之间产生了无数的矛盾纠纷。作为基层最为重要的组织——村委会对此也毫无办法。因为大农场的举止符合流转合同的规定条款。大农场对当地农户没有基本的信任，而当地农户对大农场也抱着并不友善的态度，例如四组农户经常在大农场放水时，偷偷放水或者干扰其用电设备。在用水紧张的时期，四组农户甚至合作起来集资买了电机，私自搭线与大农场争水抢水。很显然，大农场经营对小户经营带来的压迫感极易引发矛盾和秩序的混乱。河村原有建立在社区合作基础上的灌溉体系就此瓦解。

3. 两个村庄的社区自治与民主参与状况比较

社区自治与民主参与是农民表达政治态度的主要渠道。同时，成员参与也是社区内部社会资本得以形成的主要渠道。参与社区治理是农民作为社区成员的权利，形塑了基层自治的基本样态。在社会资本充足的地区，民主制度也能较好地运作。如罗伯特·帕特南（Robert D Putnam, 2001）对意大利民主制度的研究，发现意大利社会资本充足的北部地区比社会资本相对匮乏的南方地区的民主制度绩效要好。因此，可以说社会资本对社区治理具有重要的价值。这些价值主要包括：提供相互间的情感支持、物质支持、是社区成员获取资源的重要方式；同时社会资本还具有文化上的软约束力，它通过将社会规范内在化而自动地约束社区中个体的行为；社会资本的积累需要经过一段很长的时间，它赋予社会生活中的交换更多的信任与互惠，是节省交易成本的重要方式。

军村共有十二个村民小组，每个小组有小组长和村民代表。村民小组是农村最基本的互动单元，因为集体土地是以小组为单位分给农户的，小组构成了一个真正的熟人社会，它是社区内部人情发生的基本范围。很多地方村民小组就是一个自然湾子，在这个自然湾子里面，谁跟谁都能扯得上一点血缘关系。往上追溯，自然湾子的村民可能来自同一个先祖。多个村民小组形成一个行政村。行政村代表了国家权力在基层的存在，是整个行政体系的末端。村干部是基层代理人，一方面代表农民向国家传达社区基层的状况，另一方面则代表国家形象贯彻和执行国家意志。军村土地大规模流转前与流转后，村委会仍在正常运转，各小组之间与小组内部仍然存在大量的合作需求。各小组长依然履行职责服务于小组内部农户的生产生活需求，农户的意见也由各村民代表传达到村委会一级。村庄内部维持着基本的自治局面，农户之间在政治、经济、文化等各领域的互动累积形成了社区的社会资本，这种社会资本反过来影响到了农户对村委会及农场的态度。总体上看，军村农户对农场的态度是比较友善的，主要原因一是军村农场皆由本村人创办，农场土地多来自经济基础好的村民组，农场主家庭与当地农户家庭存在或远或近的关系；二是军村农场尽管与农户签有正式土地流转合同，但在农户家庭出现变故需求土地时，这几个农场皆能通过某种方式满足这些农户对土地的需求，如退还或调换土地给农户；三是军村两家农场的规模并没有对社区构成威胁，当地农户仍然在农业生产中占据绝对主导地位，在灌溉用水方面，农场与农户都能遵守社区规则和用水传统，农户与农场存在合作。虽然农场在当地产生了一定的示范效应，但社区治理的主体仍然是农户，农户在社区政治、经济等各层面的参与是军村社区得以维系和发展的根本。

河村共有九个村民组，在土地大规模流转以前各小组都有小组长，东南西北四个片区还各有一名管水员。他们构成了社区治理的组织基础。小组之间与小组内部存在基本的合作，灌溉等基本公共品的供给由这些小组长和管水员组织。土地大规模流转后，河村大农场在当地形成绝对主导力量，垄断了当地水资源的分配。村委会因协助大农场开展土地流转，对部分不愿流转的农户形成事实上的孤立和包围，造成农户对村委会的认同下降，加之村委会与农户之间不再因农业生产生活勾连在一起，村委会在社区内的动员能力下降。农户对大农场的态度不友善，主要原因有：一是大农场一家在改革开放后就搬出村庄生活，农场主事业有成后回家乡，先后投资了水库和土地，均影响到了当地农户的生产生活，在当地声誉不佳；二是大农场与四组农户的用水纠纷，进一步影响了农场主的声誉；三是大农场进行了大量的机械投资，农场无法吸收土地流出户的剩余劳动力，使农户不能在家就业，影响了大部分家庭的生计安排。如当地不少祖父母当家的家庭，因为土地都被流转出去了，祖父们只好出远门打工。这些祖父母们是新中国的第一代农民，他们最重要的人力资本就是种田的经验和技术，出远门打工的不适应和心理变化是大农场发展背后的无声之痛。随着大农场的发展，原先富有活力和生机的河村社区逐渐失去了往日的光彩，越来越多的人选择了离开家乡，常年在外务工。基于共同生产生活而形成的社区趋于消解。

综上所述，在大农场主导的村庄，农场与农户之间的关系并非"小地主大佃农"的市场平等交换的关系，而是更多呈现出农场建立与农户"半无产化"的强烈对比。大农场在农业生产经营中的成本控制逻辑和风险规避逻辑决定了农业资本化的进程大大加速，资本对劳动的替代成为必然，离农劳动力的生计安排面临重重困难。在小农户主导的村庄，农场仍然处于小农户的包围之中，农场的经营发展更多"嵌入"在村庄原有的经济社会秩序之中。因而，在小农户主导的村庄农场与农户的关系呈现出类似于台湾"小地主大佃农"制度的"小承包大经营"关系。基于这样一种生产关系，以灌溉合作为核心的社区合作依然发挥有效作用，社区自治与民主参与依旧保持活力，维系着村庄共同体的再生产。

7.3 家庭农场发展的脱嵌风险及其超越

7.3.1 家庭农场发展的脱嵌风险

市场嵌入社会是卡尔·波兰尼的基本观点。当自由主义者不断要给市场更多自主性时就会不断增加社会压力，这一压力可以视为脱嵌风险。为此，有学者曾经形象地比喻："将市场从社会中脱嵌，就有如拉扯一条巨大的橡皮筋。要给市场更多自主性，就会不断增加社会压力。继续拉扯橡皮筋，不是使之断裂，造成社会解体，便是逼使经济回归社会嵌含的位置。"① 家庭农场经营行为本身重塑村庄社会结构及政治经济秩序并且引导村庄政治经济走向失序的过程可视为脱嵌发展过程。家庭农场的脱嵌风险主要是指经济行为本身对社会秩序及社会运行的危害，具体表现在三个方面。

一是大农场绝对替代小农户经营，压缩小农户生存空间，加剧村庄内部贫富分化。在对这一问题的探索上，农场规模具有战略性意义。土地规模小有利于保存小农经济及其社会秩序。分散的土地使用权、灵活的资源利用方式，市场的不完全及社会关系的重要作用都是小农经济得以维系的重要特征。然而当土地规模集中后，小农经济便会遭遇解体。这一解体的过程往往伴随债务和垄断权力的上升，并有可能催生雇佣劳动，资本主义农业企业转而替代分散的小农（弗兰克·艾利思，2006）。小农社会由此解体。前文分析显示，大农场主导的村庄在村农民的处境变得更糟了：无法外出的农民收入下降，能够外出的农民虽然获得一份谋生的工作但不得不忍受背井离乡和生活的不确定性，他们的幸福感和获得感都远远比不上作为自耕农的时代。而这些原本在家务农的农户本身是因身体原因、家庭原因等无法外出务工的群体，整体收入状况要弱于外出务工的群体。当大农场流转村庄绝大部分土地时，在村农户不仅丧失了自家承包地的经营权，也丧失了原先以零租金或低租金获得的代耕土地的经营权，经济收入下降的同时也面临重新择业等诸多问题，而外出务工群体因获得了稳定的土地流转费从而增加了收入。自耕农和代耕农群体的消失导致村庄贫弱阶层力量壮大，富裕阶层地位更为稳固，加剧了村庄内部的贫富分化。

二是大农场与小农户不对等的势能改变了村集体组织的角色，弱化了村级组织的群众基础。在大农场主导的格局下，作为农地所有者的村集体与作为承包者的农户地位均发生了变化，村集体与农户的互动亦发生了改变。税费改革以前村集体是村庄公共品的主要供给者，税费改革后村集体因缺乏收入来源无法有效支撑对农村公共品的供给，但村集体仍然要面向广大分散的小农户，在力所能及的范围内解决农户的困难亦即村集体的公

---

① ［英］卡尔·波兰尼. 巨变：当代政治与经济的起源［M］. 黄树民，译. 北京：社会科学文献出版社，2013：27.

共性特质依然存在，农户对村集体的公共性期待一直存在。而大农场主导村庄后，村集体亦由面向众多分散的小农户转而服务资本大户。村集体一方面作为农地所有者与大农场谈判并签订土地流转主合同，另一方面则替大农场收取水费、化解矛盾，维护大农场的经营得以顺利开展。大农场经营与农户处境的变化决定了村集体角色的尴尬。因要服务于资本大户，村集体演变为资本大户的"代理人"，原有的公共性色彩淡化，村级组织的执政基础与执政地位亦受到波及和影响。

三是大农场主导下村民生产空间与生活空间的剥离容易带来村庄社区社会资本的流失和社区机制的失灵。在发展经济学看来，社区机制是在市场失灵和政府失灵情况下的一种有效的资源交换机制。社区机制与市场并不是格格不入的，相反社区机制能够促进市场的发展。社区机制可以有效减轻合同执行中的困难，其原因在于社区内部人际关系具有长远预期，人与人之间的长期互动能够带来信任与合作。这种信任与合作是社区内部重要的社会资本。然而并不是所有的农场都能动用社区社会资本，让社会资本发挥效应。大农场主导下的村庄，村民生产空间与生活空间分离，村民在村庄内的合作生产消失，灌溉合作瓦解，农耕文明予以村民的内在深层次的归属意义也被淡化，在村的村民拥有了大量的闲暇时间但缺少安全感、缺少归属感。卡尔·波兰尼（2013）认为"将劳动力与土地转变为商品就是消灭有机社会之文化制度的秘方。"① 这些都加速了社会资本的流失和社会机制的失效。

7.3.2　对脱嵌风险的超越

务农重本，国之大纲。中国共产党历来把解决好"三农"问题作为全党工作重中之重。2020 年新冠肺炎疫情突袭，在年底的中央农村工作会议上，习近平总书记强调，从中华民族伟大复兴战略全局看，民族要复兴，乡村必振兴。从世界百年未有之大变局看，稳住农业基本盘、守好"三

---

① ［英］卡尔·波兰尼. 巨变：当代政治与经济的起源［M］. 黄树民，译. 北京：社会科学文献出版社，2013：281.

农"基础是应变局、开新局的"压舱石"。① 中国式现代化道路需发挥好"三农"压舱石作用。稳住农业农村发展对于国家应对风险挑战，避免陷入"中等收入国家陷进"、扎实推进现代化进程意义重大。由此，农业农村现代化不仅要以效率为重，提升我国农产品市场竞争力，更要从经济社会稳定、国家现代化转型和中华民族伟大复兴的全局来看，突出农村稳定大后方的作用。高度重视粮食安全、重视农业农村对流动务工人员的托底作用。家庭农场作为新型农业经营主体，是推动农业现代化转型的重要动力。由家庭农场推动的这一转型过程也是乡村经济社会秩序重构的过程，其间资本逻辑主导的大农场表现出脱嵌发展的倾向，由此呈现出一系列脱嵌风险，严重危及家庭农场可持续发展和农业农村现代化转型。走中国特色农业农村现代化道路必须超越家庭农场可能出现的脱嵌风险。

因为农场规模在脱嵌问题上的战略性意义，对农场发展脱嵌风险的超越首先在于确立家庭农场发展的合理规模。家庭农场发展规模过大，在带来社区阶层结构变迁的同时也摧毁了以社会资本为基础的社区机制。因此，家庭农场的发展应该做到控制家庭农场土地规模，合理的土地规模有利于社区机制的维护和再生产。前文分析展示了大农场主导的村庄和小农户主导的村庄生产关系、社区合作、民主运作等方面的情况，说明了大农场主导村庄带来的脱嵌风险，由此也反向论证了合理的农场规模在维系社区福利和乡村共同体上的重要性。

从社区社会资本的角度，家庭农场对脱嵌风险的超越还在于内生性家庭农场本身对村庄的嵌入性。内生性家庭农场具有社区内部的原生性社会关系，有助于其构建与农户的合作关系，促进地方公共品的有效供给。速水佑次郎和神门善久认为："社区内人们相互影响产生的相互信任，构成了只有社区成员可以利用的社会资本。在这个意义上，这种信任是限定于专门受益集团的地方公共品。"② 社区内生性家庭农场与农户利益之间存在较好的弹性，逐步发展的过程也导致二者相容度较高，而且形成了特殊的道义经济，促进了社区社会资本的增长。与之相对，外来资本下乡的家

① 习近平在中央农村工作会议上强调坚持把解决好"三农"文图作为全党工作重中之重 [N]. 新华网，http://www.xinhuanet.com/2020－12/29/c_1126923715.htm.

② ［日］速水佑次郎，神门善久. 发展经济学：从贫困到富裕 [M]. 李周，译. 北京：社会科学文献出版社，2009：264.

庭农场对当地社区则十分陌生，与农户之间的原生性关系资本匮乏，他们对当地社区规范并没有认同，农业经营的行为主要出于利益最大化的角度，难免与农户在社区资源配置中产生冲突。因此，家庭农场发展宜鼓励社区内生性家庭农场发展。

从农业投入和农业农村现代化的角度，家庭农场对脱嵌风险的超越在于家庭农场的渐进式发展道路。家庭农场的渐进式发展道路强调内生性家庭农场逐步扩大经营规模，形成"小承包大经营"的格局。就村庄而言，促进小农经济自身转型升级远比由外而内培育家庭农场的社会成本小。政府创造条件鼓励土地的相对集中经营，为相对集中经营创造良好的水土基础、社会化服务基础，小农经济也会内部转化升级，部分市场意识强的自耕农、代耕农就有可能走向农业家庭企业，升级为家庭农场经营。这一升级方式可以避免由外而内、自上而下创建大农场的高租金、高资本投入压力，而以相对综合的经济社会交易替代单一的经济交易，进而降低农场创办成本，缓解农村资本不足的状况，将有限的资本用在农业技术革新等关键领域，促进农业投入和农业现代化发展。就农村社会而言，家庭农场的"渐进式"发展道路让乡村社会不受资本逻辑所主导，仍然保留了农民返乡的权利，在城市经济不景气或者风险挑战来临时，农民至少有家可回，一旦经济回暖，也可立即外出。对于年龄增长无法在城市谋生的第一代农民工，至少还可以返回农村养老。因此农村还有几处老宅子和几亩田，对农民工而言意义重大。对中国式现代化而言，这就是现代化转型进程中的"稳定器"和"蓄水池"（贺雪峰，2016）。

第 8 章 结论与讨论

8.1 家庭农场的嵌入式发展路径

"家庭农场"是欧美舶来词,但在中国语境下有其特有的内涵。中国农村特殊的集体土地所有制度意味着规模经营的家庭农场只能通过土地租赁合约的方式完成资源的获取,进而表现出租赁农场的特质,与欧美国家可以作为遗产继承的家庭农场有显著差异。中国农村延续几千年的村社结构和小农经济传统也意味着家庭农场不可能实现大规模经营而只能走适度规模经营道路。发展家庭农场并不意味着消灭小农户。中国现代化进程决定了小农户在相当长一段时间内仍然是乡村发展的主体。由此,实现家庭农场与小农户共生发展是家庭农场发展的必由之路。

研究中国家庭农场的发展问题必须从我国国情背景出发,贯彻新发展理念,坚持以人民为中心的发展,实现共同富裕。单纯强调家庭农场规模经营效益,力主提升家庭农场规模化经营水平,忽视乡村小农户及乡村本身发展走向的研究均是片面发展的观点,也与中国特色社会主义要求不相吻合。发展家庭农场,实现农业转型中的利益共享共治是中国特色农业现代化发展的应有之义。因此,家庭农场发展的同时也应促进小农户与现代农业的有机衔接,实现家庭农场与小农户的共生发展。发展家庭农场,促进乡村振兴而不是以农场消解村庄是中国特色农业农村现代化的整体联动性决定的,因而需在提升家庭农场实现规模经济效益的同时兼顾促进社区发展等社会效益。

基于上述理论与实践关怀，本书从嵌入性视角出发探讨了家庭农场的发展路径问题。在分析家庭农场发展历史起点的基础上，立足于中国家庭农场实践，以家庭农场组织特征揭示了农业经营方式变迁和农业现代化的基本演进方向，探讨了家庭农场资源获取、规模选择、合约治理、社区影响等关键问题，全面审视了嵌入性在家庭农场发展中的重要作用，进一步讨论了促进家庭农场嵌入式发展的相关路径。嵌入式发展是指家庭农场从事农业适度规模经营的行为受人地关系、社会资本、乡村社会结构制约并表现为双向互动的一种发展状态。这一概念主要应对新自由主义及其市场要素自由交换论的不足，更加关注其经济性、社会性的不可分性。

1. 家庭农场嵌入式发展的历史起点：农业规模化经营与小农经济长期共存

小农经济是东亚国家农业现代化转型的共同起点，在引导小农经济现代化转型方面，日本和韩国注重组织化方式，并取得了较好的成效。面对小农经济的汪洋大海，改革开放后我国农业现代化发展也从组织创新和适度规模经营方面着力。从我国农业适度规模经营发展的进程看，家庭农场的出现和发展是农村组织创新的结果，主要因农业企业与农户的利益联结难题、农民专业合作社的规范性建设难题等倒逼了家庭农场这一新型农业经营主体的出现，并成为政策界和学术界关注的又一重点。家庭农场发展是国家在四化同步的大目标下进一步推动农业现代化发展的重要举措。家庭农场具有推进适度规模经营、发展农村合作经济组织、培养新型职业农民等目标，具有区别于普通农户的制度特征。城镇化与农村劳动力转移、土地确权与土地流转、村社结构与家庭农场制度嵌入构成了现阶段家庭农场生成的重要条件。家庭农场发展的现实制约因素正是基于发展条件而表现出来的农户分化的区域不平衡性、农户转移的"半城镇化"现象以及家庭农场发展的长期性等。因此，中国现代化进程决定了在很长一段历史时间内，农业规模化经营都将与小农经济长期共存，这是家庭农场发展的历史起点。

2. 家庭农场嵌入式发展的辩证法：生产力与生产关系的相互适应

家庭农场组织内部要素组合更加均衡，特别是资本和企业家才能的注入，使得土地的价值得以提升。家庭农场销售渠道及市场信息的获得更加多元化，组织化水平得以提升。家庭农场主是风险偏好显著的农业经营者，在技术采用上更加追求质量管控型技术，改变了普通农户在农业经营中一直追求风险规避的传统形态，促进了农业结构调整和农产品附加值的提升。家庭农场的发展也使得政府的农技推广服务更加便利，促进了农业生产经营中的技术更新。家庭农场发展是农业生产力进步的产物，其发展又进一步解放和发展了农业生产力，促进了土地、资本、劳动力、企业家才能等多种生产要素的优化重组，加深了农业分工合作，促进了社会化大生产的发展，加速了农业现代化进程。与此同时，家庭农场发展方式也必然导致农村生产关系的变迁，主要体现为对农村利益关系的调整、乡村治理形态的形塑和城乡关系的重塑。发展家庭农场不仅应关注其对生产力的适应与促进，也应关注其背后生产关系的变迁，把握生产力与生产关系的辩证法，将创新家庭农场制度放置在"三农"的整体视野中思考。

3. 家庭农场资源获取与嵌入式发展：村社嵌入性的作用

家庭农场是一种要素合约综合体，主要通过土地流转合约与劳动力雇佣合约获取土地资源与劳动力资源。土地流转合约呈现三种不同的资源获取机制：市场机制Ⅰ、市场机制Ⅱ和社区机制。市场机制Ⅰ是家庭农场与农户之间的自发流转，但也受政府干预和区域土地流转市场发育状况影响。市场机制Ⅱ是以村集体为中介的土地流转，这一机制发挥作用的效果也相差较大，如果政府在树典型逻辑下强制干预，推动村集体服务于土地规模流转，将合约风险导向村集体组织，可能会引发治理危机；而村集体组织自身具有较强大的主体性，政府只在信息发布等方面做好"穿针引线"工作，则有助于规模经营合约遵循市场逻辑和经济合理性逻辑，进而促进农业农村可持续发展。社区机制是指通过社区人情关系网络流转土地，通常以渐进的方式逐步扩大土地经营规模，也因转出地农户生计模式调整而呈现出一定的伸缩性和不稳定性。家庭农场劳动力资源配置存在五种典型的模式：家庭模式、联合经营、分包模式、代管模式、企业模式。在这五种模式下，雇佣合约背后的关系属性各不相同，它们代表了从情感性关系向制度化关系转变的连续谱。其中，家庭模式以情感性关系为主，而企业模式以制度化关系为主。对于在雇工管理方面存在的投机问题，代管模式和分包模式的处理方式偏向于企业模式，联合经营的处理方式偏向于家庭模式。雇工管理的主要目的是提供有效激励并降低监督成本，联合经营与家庭模式下经营的家庭农场表现出了更好的组织绩效。家庭农场的上述资源获取行为展现出村社嵌入性的重要作用，即家庭农场主是否具备在村庄的原生性关系网络显著影响了土地资源和劳动力资源获取的状态。资本下乡型农场具备较好的村外关系网络，但村庄内社会关系网络资本缺乏；传统大户升级型农场具备较好的村内关系网络但村外关系网络不足；返乡创业型农场具备较好的村庄内关系网络资源，也具有较好的村庄外关系网络资源，日常经营管理尤其注重对关系网络资源的动员，因此在对接村庄、政府与市场方面均表现出较好的适应性。

4. 家庭农场经营规模与嵌入式发展：国家、市场与村社的多重嵌入

与资源获取一样，规模选择问题也是家庭农场发展的核心问题。对于从事规模经营的农场而言，扩大农地经营规模不仅受经济条件的约束，农场主在国家、市场与村社结构中的网络嵌入也对规模选择产生影响。对111家家庭农场规模选择的实证分析发现，农场在国家、市场和村社结构中的网络嵌入性即农场主政策支持网络、市场互动网络和村社关系网络对农场规模的选择均具有正向影响。其中，国家政策关系网络对农场规模选择的影响显著，市场互动网络的和村社关系网络对农场规模选择的影响均部分显著。在国家、市场与村社多重网络结构嵌入中，农场主村社网络嵌入对农场规模选择的影响最为重要。这一研究同样指出了村社关系网络和本土农场发展的重要性，此外也看到了多维关系网络资本的作用。家庭农场发展既需加强国家政策与农场的对接，建立政策与农场主之间的服务对接平台，优化政策供给的途径，提升政策服务于农场发展的水平；也需利用各种平台促进城乡资源整合和网络互动，提升农场主网络资源丰富性，为农场发展获取资源奠定基础。

5. 家庭农场合约治理与嵌入式发展：嵌入性与交易成本经济学的勾连

在构建嵌入性与家庭农场合约治理分析框架的基础上，通过外生性农场和内生性农场的比较研究，分析了家庭农场在试图维系合约稳定的治理过程中，对地域系统的政治嵌入、社会嵌入与文化嵌入重要性。下乡资本创办的外生性农场更注重以政治嵌入和文化嵌入来维系合约关系稳定；而传统大户升级的内生性农场则主要以社会嵌入和文化嵌入来维系合约关系

稳定。内生性农场的本土根植性让其在农业生产经营中能有效调动关系网络资源，发挥社会资本的价值，以社会嵌入和文化嵌入弥补原始资本不足、降低经营风险。外生性农场则始终要围绕化解"外来"身份而展开自己的经营策略，更多地依赖政策的保障，也不得不以文化嵌入的方式主动与农户打交道，遵守乡土文化规则，以尽可能提升农户合作的意愿。在交易成本视角下，通过对111家家庭农场的实证分析，分析了交易频率、资产专用性、环境不确定性对家庭农场雇工选择常工模式这一较为复杂的治理结构的影响。研究发现土地规模、在地农场主等交易特征显著影响家庭农场选择常工模式。在规模一定的情况下，在地农场主是家庭农场交易成本治理的关键。其背后的机制正是在地农场主的嵌入性。在地农场主以与常工的日常互动密切与雇工群体的情感交流，共享场域意义，密切网络关系，这一过程正是农场主社会嵌入与文化嵌入的过程。可见，嵌入性是理解交易特征与治理结构选择或匹配的关键机制。这一微观研究也揭示了社会学嵌入性理论与交易成本经济学之间的紧密关联。

6. 家庭农场发展中的脱嵌风险及其预防：基于农户福利与社区福利的分析

通过对家庭农场发展背景下的农户生计问卷调查，分析了家庭农场不同资源获取机制下农户福利的不同。家庭农场发展与农户之间的利益平衡问题是家庭农场可持续发展的重要考验。家庭农场促进了村庄内部资源的集中和农业收入的集中分配，但农户的福利并未因家庭农场的发展而表现为较好的状态，家庭农场发展并没有提升农户在家庭经济收入、社会保障、劳动力市场化和心理状态方面的幸福感受。因此家庭农场的可持续发展需要丰富农场与农户之间的利益联结机制，在联合农户土地的同时也要联合农户的劳动力；促进小农户与现代农业发展有机衔接，构筑规模经营与小农户经营共同发展的格局；加大社会保障制度建设力度，创新农村社会养老方式，有效降低农村老人土地情结，促进土地资源相对集中经营。通过比较拥有不同农业经营结构的两个村庄（大农场主导的村庄和农户主导的村庄）在农业生产经营逻辑与生产关系、灌溉系统运作、社区自治与民主参与等方面的不同，总结了家庭农场与社区福利的关系。由此可以发现，家庭农场的脱嵌式发展趋势主要与家庭农场的规模有关，超大规模家庭农场的脱嵌风险主要表现在：大农场绝对替代小农户经营，压缩小农户生存空间，加剧村庄内部贫富分化；大农场与小农户不对等的势能改变了村集体组织的角色，弱化了村级组织的群众基础；大农场主导下村民生产空间与生活空间的剥离，容易带来村庄社区社会资本的流失和社区机制的失灵。上述脱嵌风险的存在反向说明了合理的农场规模在维系社区福利和乡村共同体上的重要性。从社区社会资本的角度，超越家庭农场脱嵌风险，家庭农场可持续发展需重视内生性家庭农场本身对村庄的嵌入性。从农业投入和农业农村现代化的角度，超越脱嵌风险，促进家庭农场可持续发展在于走一条渐进式的家庭农场培育路径，充分发挥农业农村在中国式现代化中的"稳定器"和"蓄水池"功能。

8.2　家庭农场发展中的政府角色

家庭农场属于发展中的事物，对于发展中的事物既不能按照理想类型去严格规范，也不能因实践样态而放任自流。因此，需要辩证认识家庭农场名与实之间的差异。家庭农场是从事规模经营的新型农业经营主体，但家庭农场的主要劳动力投入不一定来自家庭内部。基于分工细化和流通方式的变革，家庭农场的农场主及其家庭成员大部分负责农场的经营决策特别是市场开拓等方面的业务，而具体的生产劳动则大部分由雇工完成。实践中，家庭农场雇工经营是常态，而真正采用家庭模式经营的家庭农场反而比较少见。这说明，家庭农场的发展陷入了和农民专业合作社发展同样的"名实不符"困境。理论与现实的不符，需要反思理论而不是反思现实。因此，需要重新认识家庭农场与雇工经营的关系。虽然雇工经营的效率低于家庭经营，但是家庭农场的利润主要来自规模效应和对流通环节的再造，因此对于家庭农场而言，雇工经营仍然是有效的。从这个方面讲，并不是所有的家庭农场都具有组织效率上的优势。任何对家庭农场制度优势的规范性解读都应该审慎对待，否则，家庭农场发展一哄而上之后，不仅呈现出与理论解读完全不同的现象，更加损害了农村社会的利益平衡。

因地制宜把握家庭农场适度规模经营的"度"。除东北地区平原地带外，中国大部分农村地区都存在土地细碎化的问题。农田基础设施也主要适用于细碎化的地权格局。大规模经营需对地理空间结构再造，通常与政府的土地整理、旧村改造等项目结合才能落地。现实是村落并不会成片地消失，即使中国城镇化率达到 70%，中国也仍将有近 4 亿农民生活在农村。大规模经营在改造空间结构的同时也严重冲击了人地关系和乡村社会稳定。强行推动的大规模经营往往带来经济非理性与社会非理性的双重非理性结果。经济非理性表现在规模经济效益的下滑，雇工监督的难题因农民的不合作而愈发难以解决；社会非理性主要表现在人地关系约束被强行改变后的社会后果，如农户家计模式的改变、社区机制的瓦解、社会资本的流失等。因此，政府关于家庭农场的政策需追求经济效益与社会效益的均衡。基于普通农户还大量存在的现实，家庭农场的发展应该做到控制家庭农场土地规模。合理的土地规模有利于社区机制的维护和再生产。当社区由少数大农场所主导时，社区结构发生变化，社区机制也难以得到延续。作为社区内部重要凝合剂的社会资本将部分甚至全部流失。政府应加强对家庭农场规模的监控，注重大农户与小农户的共存。政府和规模经营主体都应该认识到激进规模经营发展的风险。

　　作为规模经营主体，家庭农场的发育必然与中国人地关系的变迁同频共振。因此，家庭农场的发育也必然是一个渐进的过程。政府在推动规模经营、培育家庭农场等新型农业经营主体方面应有着眼现实的耐心和放眼未来的定力，减少"垒大户"现象的出现。实际上，在家庭农场等新型农业经营主体培育方面离不开有为政府的作用。这一作用发挥的主要领域是土地权属的明晰化、土地流转服务平台的建设、社会保障体系建设、农田基础设施建设等。这些均是政府公共政策可以着力的领域，相关政策的完善将直接改善家庭农场发展的外部环境，降低家庭农场发展中的交易成本与经营成本，提升农场发展的稳定性，实现农场经济的可持续发展。

8.3　家庭农场发展背景下的农村集体经济组织功能定位

　　在我国，农村集体经济组织是农村土地所有者，而家庭农场是新型的农地经营者。在坚持农村土地集体所有、农户家庭承包经营的基础上，推动"所有权、承包权、经营权"三权分离，是促进土地流转和家庭农场发展的重要制度基础。我国《宪法》第八条规定：农村集体经济组织实行家庭承包经营为基础、统分结合的双层经营体制。我国《宪法》第十条规定：农村和城市郊区的土地，除由法律规定属于国家所有的以外，属于集体所有。因此，农地集体所有权和农户家庭承包经营权构成了我国农地产权的主要内容。新时代在人地分离和土地流转的影响下，农地产权进一步细分为农地集体所有权、农户家庭承包权和土地经营权。坚持农地集体所有权就是以服务"三农"、发展生产力和弥补市场失灵的实践标准来体现社会主义所有制关系，在明确承包农户具有完整财产权的承包权的基础上，落实农村集体经济组织作为产权行使主体且经授权拥有监督、管理农地之事权，作为中心签约者而服务于农业规模化（米运生、罗必良、徐俊丽，2020）。因此，农村集体经济组织是新型农业经营体系中的重要服务主体。

农村集体经济组织参与新型农业经营体系构建的普遍方式是作为土地流转的中介，降低流转双方的谈判成本和合约纠纷处理的成本。农村集体经济组织并没有权力干涉和强制农户参与土地流转。但农村集体经济组织作为集体成员共同构成的特殊法人主体，可以在充分发挥村民自治的基础上形成关于村庄整体发展的集体决策和选择。形成村民一致同意是将家庭农场发展由私对私的市场流转转换为村庄内的公共行为。这一转换有助于家庭农场等规模经营主体发展的同时兼顾社区整体意志，实现规模经营与社会效益的最大化。

农村集体经济组织参与新型农业经营体系构建的另外一种方式是"反租倒包"，以上海松江区家庭农场发展为典型。上海松江区自 2007 年开始探索家庭农场经营模式，即按照依法、自愿、有偿的原则，村民与村集体组织签订土地流转授权委托书，再由村集体组织与家庭农场经营者签订土地流转合同。上海探索"反租倒包"的背景在于，上海郊区农民非农就业机会多，工资性收入占比普遍超过 75% 左右，种粮农民老龄化、外来化以及耕种方式粗放化等现象突出，与上海发展现代高效生态农业的要求不相适应（王东荣、方志权、章黎东，2011）。村集体组织在这一过程中作为农地产权主体接受农户的委托，将分散的土地资源整合后，统一招标，流转给有一定资质的农民经营，形成家庭农场发展的"松江模式"。村集体组织的积极参与是松江区家庭农场发展的重要基础。但这一模式的可推广性需要谨慎对待，大部分中西部农村地区并不具有推行"松江模式"的经济社会条件。

农村集体经济组织参与新型农业经营体系构建的第三种方式是作为农业生产托管的重要参与主体，托管农户土地，统一对接外部社会化服务供给主体。村集体组织在农业生产托管模式中发挥了"集体统筹"这一关键的组织作用，主要表现为村集体组织通过土地集中、农户需求集中以及与服务供给主体对接重构社会化服务的需求端.（管珊，2022）。农业生产托管模式创新的内在动力在于以农业社会化服务供给端的规模化倒逼农业经营需求端的规模化，由此生成村集体组织或新型农业经营主体参与的农业生产托管模式，形塑了农业生产统分结合的新形态，丰富了统分结合双层经营体制的内涵。农业生产托管模式广泛见诸山东、山西、陕西、河北等地区。据统计，2020 年全国农业生产托管服务面积超过 16 亿亩次，其中服务粮食作物面积超 9 亿亩次，服务带动小农户 7 000 多户，有力地推动了农业规模经营和农业生产效益提升。因为家庭农场的规模效益既来自土地规模效益也来自服务规模效益，在自身服务规模化的同时也能为周边小农户开展托管服务，进一步提升服务规模经济，因此这一模式也为家庭农场带动小农户发展提供了有效途径。

上述三种模式并不能穷尽农村集体经济组织在新型农业经营体系构建和农业转型中的角色与功能，但足以说明农村集体经济组织在新型农业经营体系构建中的重要性。家庭农场发展和中国特色农业农村现代化理应重视以农地集体所有为根本的一系列集体产权制度安排以及统分结合的双层经营体制等制度基础。

8.4　家庭农场与乡村振兴

党的十九大明确提出实施乡村振兴战略，这是顺应新时代我国社会主要矛盾变化、把握现代化建设规律和城乡关系变化特征的重大决策部署。基于我国的国情背景，实施乡村振兴战略，坚持以人民为中心的发展，实现全体人民共同富裕必然要求实现家庭农场大生产与农户小生产的共存。中国乡村发展的未来图景必将呈现出小农户是乡村振兴的主体，而家庭农场等新型农业经营主体逐步成为乡村振兴的中坚力量。

倡导家庭农场大生产与农户小生产共存的理论分析主要来自考茨基等

俄国民粹主义学者。考茨基（1955）的研究则指出，在村社内部，大生产并不是绝然排斥小生产的。因为大生产所需求的雇工因农业生产的季节性而呈现季节性特征，因此农场雇工的人数是有限的，而且在农场雇工中，临时雇工占了绝大部分比例，这些临时雇工在工资劳动之外还能在自己的小块土地上进行生产，他们并没有走上无产化的道路。而且，土地所具有的安全感，弥补了工资劳动不确定性的风险。虽然小生产经营者在发展过程中会逐渐被大生产所支配，是农村资本主义发展的过程，但是这一过程并不是一蹴而就的，而是有一个漫长的过程。经济发展的理性结果显示，大经营与小经营一同存在的地方才有活力。

　　从现实来看，以土地流转推动规模经营的速度和比例也并不尽如人意，虽然政府以各种政策鼓励土地流转和新型农业经营主体发展，但小农户经营的格局并没有被颠覆。我国幅员辽阔，人口众多，随着改革开放后家庭联产承包责任制在全国的推广，逐渐形成了"人均一亩三分，户均不过十亩"的农业小生产经营格局。根据第三次全国农业普查结果显示，截至2016年底，我国约有2.07亿户农户，经营耕地面积在30亩以下的小农户占比约为98%，据农业农村部预测，未来30年综合考虑土地流转加快的趋势和新型城镇化对农村劳动力的吸纳作用，我国农村土地流转面积的年均增速有望达到3%～4%，据此估算，到2050年耕地面积在50亩以下的小农户仍将有1亿户左右，经营的耕地面积约占全国耕地总面积的50%。① 与此相对应的是，截至2016年底，全国土地流转面积为4.71亿亩，占家庭承包经营面积的比重为35.1%，但流转的土地大部分没有形成规模经营，经营10亩以下的农户仍然占农户总数的79.6%，30亩以上的仅为1 052.1万户。经过多年的土地流转，中国小规模农户经营的状况没有得到根本性变化。② 可见，在相当长一个时期内，小农户仍将是我国农业生产经营的主要组织形式，实现小农户与现代农业发展有机衔接是中国特色农村现代化的重要任务。

　　基于上述理论和实践认识，小农户与家庭农场等新型农业经营主体的

---

　　① 耿羽. 我国小农户经营的合理性以及现代化路径研究［J］. 中共福建省委党校学报，2018（5）.

　　② 孔祥智. 农民合作、土地托管与乡村振兴——山东省供销社综合改革再探索［J］. 东岳论丛，2018（10）.

共生发展是我国乡村振兴的应有主题。具体而言，从农业经营体系重塑的角度，乡村振兴又可呈现两种路径：一是家庭农场等新型农业经营主体带动小农户发展；二是在新的历史条件下重新审视改革开放初期"两田制"的经验，重塑规模经营与小农户经营的空间格局。

1. 家庭农场带动小农户发展

乡村振兴要实现小农户与现代农业发展的有机衔接。在相当长一段时间内，家庭农场等新型农业经营主体需与小农户共生发展，而不是排斥和消灭小农户的单向规模化发展。新型农业经营主体与小农户的关系不仅关乎新型农业经营体系构建，也直接影响到农村社会稳定。我国农业产业化进程中，龙头企业一直占据着主导地位，而农民组织和分散的农业生产者处于依从地位，这种状况难以保障广大农民的增收利益（杜吟棠，2005）。

注重公平的家庭农场发展政策重点在于考核家庭农场在联农带农方面的作用，注重家庭农场利益联结机制和治理机制的创新（万俊毅，2008），形成家庭农场与小农户共生发展的利益共同体与治理共同体。新型农业经营主体具有生产和服务双重功能（钟真、谭玥琳、穆娜娜，2014），可在涉农收入，农户就业和标准化生产等方面与农户建立起利益联结机制（阮荣平等，2017；鲁钊阳，2017），也可在社会化服务方面带领小农户共享服务规模经济效益。总而言之，家庭农场带动小农户发展主要聚焦于家庭农场重塑农业生产经营体系和农业生产服务体系的能力。除此之外，家庭农场带动小农户发展还体现在对土地流出户家庭提供就业机会。家庭农场不仅要联合农户的土地，也要联合农户的劳动力，为在村劳动力生计转型提供一定的空间。就家庭农场自身治理而言，家庭农场带动小农户共生发展有助于建立家庭农场与小农户的合作关系，形成和谐共处的村庄生态。

2. 家庭农场与小农户的空间共生

乡村是具有自然、社会、经济特征的地域综合体，兼具生产、生活、生态、文化等多重功能，与城镇互促互进、共生共存，共同构成人类活动的主要空间。乡村兴则国家兴，乡村衰则国家衰。① 乡村振兴是乡村产业、人才、文化、生态和组织上的共同振兴，既要积极培育家庭农场促进乡村

---

① 中共中央　国务院印发《乡村振兴战略规划（2018－2022年）》［R］. 中国政府网，http：//www.gov.cn.

产业、人才、生态等方面的振兴，也要引导小农户发展以实现乡村产业、文化、生态等方面的振兴。由此，在乡村这一地域空间内，实现家庭农场经营与小农户家庭经营是乡村空间治理的重要内容。空间治理具有公共性，通常需要政府介入以及制度支持。

实际上，一些地方通过制度创新实现了村集体统筹下的自给自足农业与家庭农场规模经营农业的协同发展。如安徽省繁昌县就在土地整治后的现代农业示范园区内培育规模经营主体，形成了家庭农场模式。具体做法是首先对农地权属实行"三权分离、虚拟地块"，整理后的土地所有权，只确权到村民组，同时以原土地承包合同为依据，将农户在项目区内的实际承包面积，确定为土地承包经营权收益面积，但不确定地块具体位置，这样就使农户在项目区内的承包地块"虚拟化"。土地平整后村民组划分大户经营和本组农户经营的区域及地块。在土地分配前，农户自愿决定土地是否流转及流转面积的大小。项目区农户将自己不再经营的土地交由村民组集中流转出去。由此兴起了一批规模经营的新型农业经营主体，家庭农场成为其中的重要组成部分。

繁昌县以税费改革后现代农业示范园创建和农田高标准整治为契机，以"三权分离、虚拟确权"的形式打破原先的经营格局，以规模经营田和农户自营田的空间划分促进了一批家庭农场的兴起。农户可以根据承包权获取经营权，也可以根据承包权获取土地经营权流转收益。地方政府的这种创新既考虑了不同农户家庭的生计安排，也促进了土地规模经营发展。繁昌模式探索了一条家庭农场规模经营与小农户自立经营的和谐共生之路。

繁昌模式说明了地方政府空间治理的重要性，尤其是在形塑家庭农场规模经营与小农户自立经营方面，亟待地方政府在空间治理中发挥有为政府的作用。要将促进家庭农场规模经营与小农户自立经营共生发展理念融入地方政府的公共品供给和服务之中，逐渐引导乡村空间利用优化，以空间共生带动社会共生，提升乡村社会生机和活力，助推乡村全面振兴。

参 考 文 献

［1］［法］爱弥儿·涂尔干．社会分工论［M］．渠敬东，译．上海三联书店，2000.

［2］［美］埃里克·弗鲁博顿，［德］鲁道夫·芮切特．制度经济学——一个交易费用分析范式［M］．姜建强，罗长远，译．上海：格致出版社，2012.

［3］［美］埃利诺·奥斯特罗姆，等．规则、博弈与公共池塘资源［M］．王巧玲，任睿，译．西安：陕西人民出版社，2011.

［4］［美］奥利弗·E. 威廉姆森，西德尼·G. 温特．企业的性质［M］．北京：商务印书馆，2010.

［5］［美］奥利弗·E. 威廉姆森．资本主义经济制度［M］．北京：商务印书馆，2014.

［6］［印］阿玛蒂亚·森．以自由看待发展［M］．任赜，于真，译．北京．中国人民大学出版社，2009.

［7］［美］艾尔弗雷德·D. 钱德勒．战略与结构；美国工商企业成长的若干篇章［M］．昆明：云南人民出版社，1962.

［8］蔡昉，李周．我国农业中规模经济的存在和利用［J］．当代经济科学，1990（2）.

［9］蔡昉．中国经济增长如何转向全要素生产率驱动型［J］．中国社会科学，2013（1）.

［10］蔡伟，杜丹．德国农业经营体系研究［J］．世界农业，2014（7）.

［11］曹东勃．家庭农场：一种激活本土性资源的有益尝试——基于松江楠村的调查［J］．社会科学研究，2014（1）.

［12］陈柏峰．乡村江湖：两湖平原的"混混"研究［M］．北京：中

国政法大学出版社，2010.

[13] 陈灿. 资产不确定性、不确定性与交易的治理模式——基于农业龙头企业与农户间交易的实证研究 [J]. 商业经济与管理，2013（4）.

[14] 陈传波. 中国小农户的风险及风险管理研究 [D]. 武汉：华中农业大学，2004.

[15] 陈春生. 中国农户的演化逻辑与分类 [J]. 农业经济问题，2007（11）.

[16] 陈航英. 新型农业主体的兴起与"小农处境"的再思考——以皖南河镇为例 [J]. 开放时代，2015（5）.

[17] 陈华山. 当代美国农业经济研究 [M]. 武汉：武汉大学出版社，1996.

[18] 陈锡文. 当前我国农村改革面临的几个重大问题 [J]. 农业经济问题，2013（1）.

[19] 陈锡文. 构建新型农业经营体系刻不容缓 [J]. 求是，2013（22）.

[20] 陈锡文，等. 中国农村制度变迁 60 年 [M]. 北京：人民出版社，2009.

[21] 陈欣欣，史清华，蒋伟峰. 不同经营规模农地效益的比较及其演变趋势分析 [J]. 农业经济问题，2000（12）.

[22] 崔宝敏. 组织缺失、不完全市场与农地合约 [J]. 经济与管理研究，2009（9）.

[23] 邓大才. "圈层理论"与社会化小农——小农社会化的路径与动力研究 [J]. 华中师范大学（人文社会科学版），2009（1）.

[24] 邓大才. "小承包大经营"的"中农化"政策研究——台湾"小地主大佃农"制度的借鉴与启示 [J]. 学术研究，2011（10）.

[25] 邓小平. 邓小平文选（第三卷）[M]. 北京：人民出版社，1993.

[26] 丁声俊. 现代化家庭农场特色的德国参照 [J]. 唯实（现代管理），2013（7）.

[27] 丁长发. 百年小农经济理论与现实发展 [J]. 农业经济问题，2010（1）.

[28] 董亚珍，鲍海军. 家庭农场将成为中国农业微观组织的重要形式 [J]. 农场经济问题，2009（10）.

[29] 董正华. 中外农业生产中的家庭经营与小农传统——农业资本主义还是"农民的生产方式"？ [J]. 人民论坛？学术前沿，2014（1）.

[30] 杜吟棠. 农业产业化经营和农民组织创新对农民收入的影响 [J]. 中国农村观察，2005（3）.

[31] 杜志雄，王新志. 中国农业基本经营制度变革的理论思考 [J]. 理论探讨，2013（4）.

[32] 范传棋，谭静，雷俊忠. 培育发展家庭农场的若干思考 [J]. 农村经济，2013（8）.

[33] 范梅华，顾荣. 家庭农场的中国实践与思考 [C]. 中国畜牧兽医学会家禽学分会第九次代表会议暨第十六次全国家禽学术讨论会论文集，2013.

[34] 费孝通. 乡土中国 生育制度 [M]. 北京：北京大学出版社，1998.

[35] 风笑天. 社会学研究方法 [M]. 北京：中国人民大学出版社，2001.

[36] [美] 弗兰克·奈特. 风险、不确定性与利润 [M]. 郭武军，刘亮，译. 北京：华夏出版社，2011.

[37] [英] 弗兰克·艾利思. 农民经济学——农民家庭农业和农业发展 [M]. 胡景北，译. 上海：上海人民出版社，2006.

[38] 高帆，张文景. 中国语境中的"家庭农场" [J]. 探索与争鸣，2013（6）.

[39] 高进云，乔荣峰，张安录. 农地城市流转前后农户福利变化的模糊评价——基于森的可行能力理论 [J]. 管理世界，2007（6）.

[40] 高强，刘同山，孔祥智. 家庭农场的制度解析：特征、发生机制与效应 [J]. 经济学家，2013（6）.

[41] 耿羽. 我国小农户经营的合理性以及现代化路径研究 [J]. 中共福建省委党校学报，2018（5）.

[42] 龚为纲，张谦. 国家干预与农业转型 [J]. 开放时代，2016（5）.

［43］管珊．农业生产托管中的集体统筹：组织机制及其制度逻辑——基于山东省 W 县土地托管的实践［J］．湖北经济学院学报，2022 （2）．

［44］郭亚萍，罗勇．对家庭农场中新型雇佣关系的思考［J］．中国人口·资源与环境，2009 （1）．

［45］郭云涛．家庭农场的资本、市场与经济效益［J］．广西民族大学学报（哲学社会科学版），2009 （2）．

［46］郭正模．家庭农场经营模式的土地集中于流转机制构建［J］．中共四川省委省级机关党校学报，2013 （6）．

［47］国务院公报 2014 年第 17 号．农业部关于促进家庭农场发展的指导意见［R］．中国政府网，www. gov. cn.

［48］国家统计局．第三次全国农业普查主要数据公报（第一号）［R］．国家统计局官网，www. stats. gov. cn.

［49］韩俊．在家庭经营的基础上推进农业现代化［N］．人民日报，2012 - 01 - 18.

［50］何多奇．19 世纪美国西部家庭农场制度与传统农业转型［J］．华南师范大学学报（社会科学版），2009 （4）．

［51］何劲，熊学萍．家庭农场绩效评价：制度安排抑或环境相容［J］．改革，2014 （8）．

［52］何劲，熊学萍，宋金田．国外家庭农场模式比较与我国发展路径选择［J］．经济纵横，2014 （8）．

［53］何秀荣．关于我国农业经营规模的思考［J］．农业经济问题，2016 （9）．

［54］贺雪峰．关于"中国式小农经济"的几点认识［J］．南京农业大学学报（社会科学版），2013 （6）．

［55］贺雪峰．谁是农民：三农政策重点与中国现代农业发展道路选择［M］．北京：中信出版社，2016.

［56］［英］亨利·伯恩斯坦．农政变迁的阶级动力［M］．汪淳玉，叶敬忠，译．北京：社会科学文献出版社，2011.

［57］胡书东．家庭农场：经济发展较成熟地区农业的出路［J］．经济研究，1996 （5）．

［58］胡亦琴. 农地产权制度创新与农业可持续发展［J］. 北京师范大学学报（社会科学版），2008（6）.

［59］胡宜挺，蒲佐毅. 新疆种植业农户风险态度及影响因素分析［J］. 石河子大学学报（哲学社会科学版），2011（3）.

［60］黄春高. 分化与突破：14 − 16 世纪英国农民经济［M］. 北京：北京大学出版社，2011.

［61］黄季焜，马恒运. 中国主要农产品生产成本与主要国际竞争者的比较［J］. 中国农村经济，2000（5）.

［62］黄季焜，等. 制度变迁与可持续发展：30 年中国农业与农村［M］. 上海：格致出版社，2008.

［63］黄书亭，周宗顺. 社会保障中政府机制与市场机制的适度选择［J］. 经济纵横，2004（1）.

［64］黄泰岩，侯利. 企业融资结构的国际比较［J］. 中国工业经济，2001（4）.

［65］黄延廷，崔瑞. 家庭农场长期存在的原因探讨［J］. 浙江农业学报，2013（5）.

［66］黄瑜. 大资本农场不能打败家庭农场吗？——华南地区对虾养殖业的资本化过程［J］. 开放时代，2015（5）.

［67］黄宗智，彭玉生. 三大历史性变迁的交汇与中国小规模农业的前景［J］. 中国社会科学，2007（4）.

［68］黄宗智. 制度化了的"半工半耕"过密型农业（上）［J］. 读书，2006（2）.

［69］黄祖辉. 科学辨析家庭农业、家庭农场与农业规模经营［J］. 中国农民合作社，2014（4）.

［70］霍东乐，乔宏，段丽娜. 家庭农场资本投入机制探讨［J］. 探讨与研究，2015（4）.

［71］［英］卡尔·波兰尼. 巨变：当代政治与经济的起源［M］. 黄树民，译. 北京：社会科学文献出版社，2013.

［72］［德］卡尔·考茨基. 土地问题［M］. 梁琳，译. 北京：生活·读书·新知·三联书店，1955.

［73］孔祥智. 农民合作、土地托管与乡村振兴——山东省供销社综

合改革再探索［J］. 东岳论丛，2018（10）.

［74］［美］罗纳德·科斯. 企业、市场与法律［M］. 盛洪，陈郁，译. 上海：格致出版社：上海人民出版社，2009.

［75］［意］罗伯特·帕特南. 使民主运转起来. 王列，赖海榕，译. 南昌：江西人民出版社，2001.

［76］［英］理查德·H. 托尼. 中国的土地与劳动力［M］. 安佳，译，北京：商务印书馆，2014.

［77］兰勇，谢先雄，易朝辉，等. 农场主经历对农场发展影响的实证分析［J］. 西北农林科技大学学报（社会科学版），2015（4）.

［78］郎秀云. 家庭农场：国际经验与启示—以法国、日本发展家庭农场为例［J］. 毛泽东邓小平理论研究，2013（10）.

［79］乐国林，毛淑珍. 文化嵌入视角的企业本质探源［C］. 第六届中国管理学年会——组织行为与人力资源管理分会场论文集，2011.

［80］黎东升，曾令香，查金祥. 农户家庭经营组织创新的基本模式——家庭农场发展研究［J］. 江西农业经济，2000（2）.

［81］李久鑫，郑绍濂. 管理的社会网络嵌入性视角［J］. 外国经济与管理，2002（6）.

［82］李骏杰. 阿玛蒂亚·森经济正义思想研究［D］. 西安：西安建筑科技大学，2015.

［83］李尚红. 美国的家庭农场制度与我国农业生产经营模式的创新［J］. 经济纵横，2006（5）.

［84］李宪宝，高强. 行为逻辑、分化结果与发展前景——对1978年以来我国农户分化行为的考察［J］. 农业经济问题，2013（2）.

［85］李学兰，汪上. 农业组织化的实现形式：家庭农场［J］. 安徽科技学院学报，2010（4）.

［86］李学林. 中国大陆农村土地制度创新的路径选择——土地使用权流转之探讨［J］. 远景基金会季刊第八卷第一期，2007.

［87］李忠国. 农业适度规模经营实现形式若干问题的思考［J］. 农村经营管理，2005（11）.

［88］林善浪. 农户土地规模经营的意愿和行为特征——基于福建省和江西省224个农户问卷调查的分析［J］. 福建师范大学学报（哲学社会

科学版），2005（2）.

[89] 林毅夫. 制度、技术与中国农业发展 [M]. 上海：上海三联书店、上海人民出版社. 1993.

[90] 楼栋，孔祥智. 新型农业经营主体的多维发展形式和现实关照 [J]. 改革，2013（2）.

[91] 鲁钊阳. 新型农业经营主体对 P2P 网络借贷的接受意愿分析 [J]. 财经论丛，2017（2）.

[92] 罗必良. 合约理论的多重境界与现实演绎：粤省个案 [J]. 改革，2012（5）.

[93] 罗必良. 农业经营规模的效率决定 [J]. 中国农村观察，2000（5）.

[94] [美] 罗伯特·雷德菲尔德. 农民社会与文化：人类学对文明的一种诠释 [M]. 王莹，译. 北京：中国社会科学文献出版社，2013.

[95] 马克思. 资本论 [M]. 郭大力，王亚南，译. 上海：上海三联书店，2009.

[96] 马克思，恩格斯. 马克思恩格斯全集（第46卷上册）[M]. 北京：人民出版社，1982.

[97] 马秀贞. 转型期我国政府机制与市场机制的均衡与路径依赖 [J]. 国家行政学院学报，2007（5）.

[98] [英] 马歇尔. 经济学原理 [M]. 朱志泰，译. 北京：商务印书馆，1970.

[99] 孟丽，钟永玲，李楠. 我国农业经营主体功能定位及结构演变研究 [J]. 农业现代化研究，2015（1）.

[100] 孟莉娟. 美国、日本、韩国家庭农场发展经验与启示 [J]. 世界农业，2015（12）.

[101] 米运生，罗必良，徐俊丽. 坚持、落实、完善：中国农地集体所有权的变革逻辑——演变、现状与展望 [J]. 经济学家，2020（1）.

[102] 农村经济研究部赴日考察组. 日本农业法人经营现状及发展趋势 [J]. 中国改革论坛，2002（5）.

[103] 农业部. 中国农业产业化发展报告 [M]. 北京：中国农业出版社，2008.

[104] 农业部部长韩长赋：以农民为主体，让农民能受益 [DB/OL].
中国政府网，http：//www. gov. cn/jrzg/2013－09/01/content_2478653. htm.

[105] 农业农村部. 关于政协第十三届全国委员会第四次会议第
5041 号（农业水利类 473 号）提案答复的函 [DB/OL]. http：//www.
moa. gov. cn/.

[106] 潘慧琳. 家庭农场：现代农业发展新道路——对中央一号文件
首次提出发展家庭农场的解读 [J]. 决策探索（下半月），2013（2）.

[107] [俄] 恰亚诺夫. 农民经济组织 [M]. 萧正红，译. 北京：中
央编译出版社，1996.

[108] 乔金亮. 工商资本下乡——鼓励去"务农"，不支持"圈地"
[N]. 经济日报，2013－02－18.

[109] 阮荣平，等. 新型农业经营主体辐射带动能力及影响因素分
析——基于全国 2615 家新型农业经营主体的调查数据 [J]. 中国农村经
济，2017（11）.

[110] 宋洪远，等. 中国新型农业经营主体发展研究 [M]. 北京：
中国金融出版社，2015.

[111] [法] 萨伊. 政治经济学概论 [M]. 陈福生，陈振骅，译. 北
京：商务印书馆，1978.

[112] [日] 速水佑次郎，神门善久. 发展经济学——从贫困到富裕
[M]. 李周，译. 北京：社会科学文献出版社，2009.

[113] [日] 速水佑次郎，神门善久. 农业经济论 [M]. 沈金虎，等
译. 北京：中国农业出版社，2003.

[114] 孙江丽. 美国印第安人的历史悲剧与西进运动 [J]. 山东省农
业管理干部学院学报，2008（4）.

[115] 孙捷，张保林. 家庭农场关系网络运作过程与机制研究 [J].
江西财经大学学报，2104（2）.

[116] 孙文华. 农户分化：微观机理与实证分析——基于苏中三个样
本村 705 个农户的调查 [J]. 江海学刊，2008（4）.

[117] 孙新华. 农业规模经营主体的兴起与突破性农业转型——以皖
南河镇为例 [J]. 开放时代，2015（5）.

[118] 孙新华. 农业经营主体：类型比较与路径选择——以全员生产

效率为中心 [J]. 经济与管理研究, 2013 (12).

[119] 孙新华. 农业企业化与农民半无产化——工商企业流转农地对农村生产关系的再造 [J]. 中国研究, 2014 (2).

[120] 孙新华. 强制商品化:"被流转"农户的市场化困境——基于五省六地的调查 [J]. 南京农业大学学报 (社会科学版), 2013 (5).

[121] 田先红, 陈玲. 地租怎样确定?——土地流转价格形成机制的社会学分析 [J]. 中国农村观察, 2013 (6).

[122] [美] 塔尔科特·帕森斯. 社会行动的结构 [M]. 张明德, 等译. 上海:译林出版社, 2003.

[123] 仝志辉, 楼栋. 农民专业合作社"大农吃小农"逻辑的形成与延续 [J]. 中国合作经济, 2010 (4).

[124] 万江红, 管珊. 无雇佣化的商品化:家庭农场发展机制分析——基于皖南平镇的调研 [J]. 中国农业大学学报 (社会科学版), 2015 (4).

[125] 万俊毅. 准纵向一体化、关系治理与合约履行——以农业产业化经营的温氏模式为例 [J]. 管理世界, 2008 (12).

[126] 汪上, 刘慧娟, 李宝礼. 要素聚合:家庭农场成长路径 [J]. 安徽广播电视大学学报, 2013 (3).

[127] 王东荣, 方志权, 章黎东. 上海家庭农场发展研究 [J]. 科学发展, 2011 (4).

[128] 王珺. 集群经济中的合约关系和稳定性机制研究 [J]. 中山大学学报 (社会科学版), 2008 (1).

[129] 王克强, 等. 地产对农民多重效用理论的实证分析 [J]. 农业技术经济, 1998 (4).

[130] 王力. 中国农地规模经营问题研究 [D]. 重庆:西南大学, 2012.

[131] 王立宏. 技能专用性与企业合约关系的治理结构 [J]. 山东社会科学, 2009 (1).

[132] 王启善, 王志刚. 试论土地适度规模经营的前提及模式 [J]. 沈阳农业大学学报, 1998 (1).

[133] 王小映. 农业产业化经营的合约选择与政策匹配 [J]. 改革,

2014（8）.

　　［134］王长江. 考茨基和德国社会民主党的土地问题争论［J］. 国际共运史资料，1986（3）.

　　［135］［英］威廉·配第. 赋税论. 陈冬野，等译. 北京：商务印书馆，1978.

　　［136］魏琪嘉. 稳步发展家庭农场，推进农业经营组织化建设［J］. 宏观经济管理，2013（6）.

　　［137］文贯中. 发展经济学的新动向：农业租约与农户行为的研究［J］. 载《当代经济学前沿专题》. 北京：商务印书馆，1989.

　　［138］乌尔里希·贝克. 风险社会［M］. 何博闻，译. 南京：译林出版社，2004.

　　［139］吴宗璇，彭争光. 现阶段土地流转面临的困境与对策［J］. 中共银川市委党校学报，2018（2）.

　　［140］肖娥芳，祁春节. 农地制度变迁、政策支持及美国家庭农场发展［J］. 世界农业，2015（12）.

　　［141］谢德仁. 企业的性质：要素使用权交易合约之履行过程［J］. 经济研究，2002（4）.

　　［142］徐祥临. 小农户靠"三位一体"成为乡村振兴主体［J］. 中国合作经济，2017（12）.

　　［143］徐勇. "再识农户"与社会化小农的建构［J］. 华中师范大学（人文社会科学版），2006（5）.

　　［144］徐忠爱. 自我履约为什么重要——基于中国农业契约特征的分析和思考［J］. 内蒙古社会科学（汉文版），2011（5）.

　　［145］许莹. 简论家庭农场［J］. 河南科技大学学报（社会科学版），2006（10）.

　　［146］［美］西奥多·W. 舒尔茨. 改造传统农业［M］. 梁小民，译. 北京：商务印书馆，1999.

　　［147］［美］约拉姆·巴泽尔. 产权的经济分析［M］. 费方域，段毅才，译. 上海：上海人民出版社，1997.

　　［148］［美］约瑟夫·熊彼特. 经济发展理论. 北京：商务印书馆，2019.

［149］［英］亚当·斯密．国富论．郭大力，王亚南，译．上海：上海三联书店，2009.

［150］严海荣，陈义媛．中国农业资本化的特征和方向：自下而上和自上而下的资本化动力［J］．开放时代，2015（5）.

［151］严振书．转型期中国阶层分化的特征［J］．中共四川省委省级机关党校学报，2012（2）.

［152］印堃华，邓伟，孟郡峰．我国农地产权制度改革和农业发展模式的思考［J］．财经研究，2001（2）.

［153］游和远，吴次方，鲍海军．农地流转、非农就业与农地转出户福利——来自黔浙鲁农户的证据［J］．农业经济问题，2013（3）.

［154］于显洋．组织社会学（第二版）［M］．北京：中国人民大学出版社，2009.

［155］余练．流动性家庭农场：中国小农经济的另一种表达［J］．南京农业大学学报（社会科学版），2013（6）.

［156］俞可平．论农业"适度规模经营"问题——警惕强制性"两田制"对农民的剥夺［J］．马克思主义与现实，1997（6）.

［157］俞可平，等．农业农民问题与新农村建设．马克思主义研究论丛（第5辑）［M］．北京：中央编译出版社，2006.

［158］袁梦，等．我国家庭农场发展的现状、问题及培育建议——基于农业部专项调查34.3万个样本数据．中国农业资源与区划，2017（6）.

［159］袁赛男．家庭农场：我国农业现代化进路选择——基于家庭农场与传统小农户、雇工农场的比较［J］．长白学刊，2013（4）.

［160］［美］詹姆斯·C.斯科特．弱者的武器［M］．郑广怀，等译．南京：译林出版社，2011.

［161］张德粹．小农经营及其出路［J］．中国经济月刊（台北），第67期，1957.

［162］张红宇．从"两权分离"到"三权分离"：我国农业生产关系变化的新趋势［N］．人民日报，2014－01－14.

［163］张红宇．新形势、新挑战、新机遇、新发展、新突破．第二届中国新农业（食品）产业年会，2014.

［164］张红宇．中国农村土地制度变迁的政治经济学分析［D］．重

庆：西南农业大学，2001.

[165] 张红宇. 中国农地制度变迁的制度绩效：从实证到理论的分析 [J]. 中国农村观察，2002（2）.

[166] 张红宇，等. 我国普通农户的未来方向——美国家庭农场考察情况与启示 [J]. 农村经营管理，2017（9）.

[167] 张敬瑞. 家庭农场是我国农业现代化最适合的组织形式 [J]. 乡镇经济，2003（9）.

[168] 张乐天. 告别理想：人民公社制度研究 [M]. 上海：上海人民出版社，2016.

[169] 张五常. 佃农理论 [M]. 北京：中信出版社，2010.

[170] 张晓山，苑鹏. 合作经济理论与中国农民合作社的实践 [M]. 北京：首都经济贸易大学出版社，2009.

[171] 张新光. 关于小农经济的理论争论与现实发展 [J]. 农业经济问题，2008（4）.

[172] 赵冈. 重新评价中国历史上的小农经济 [J]. 中国经济史研究，1994（1）.

[173] 赵竹村. 农户分化条件下发展农业适度规模经营的策略 [J]. 发展，2008（3）.

[174] 郑风田. 谁适合发展家庭农场 [J]. 热点观察，2013（7）.

[175] 郑军，林钟高，彭琳. 法制环境、关系网络与交易成本——来自中国上市公司的经验证据. 财经研究 [J]. 2013（6）.

[176] 郑鹏. 基于农户视角的农产品流通模式研究 [D]. 武汉：华中农业大学，2012.6.

[177] 郑少锋. 土地规模适度的研究 [J]. 农业经济问题，1998（11）.

[178] 中共中央　国务院印发《乡村振兴战略规划（2018－2022年）》[R]. 中国政府网，http://www.gov.cn.

[179] 钟甫宁，纪月清. 土地产权、非农就业机会与农户农业生产投资 [J]. 经济研究，2009（12）.

[180] 钟真，谭玥琳，穆娜娜. 新型农业经营主体的社会化服务功能研究——基于京郊农村的调查 [J]. 中国软科学，2014（8）.

［181］周娟. 土地流转背景下农业社会化服务体系的重构与小农的困境 ［J］. 南京农业大学学报（社会科学版），2017（6）.

［182］周群力. 我国农业规模经济发展及问题 ［N］. 中国经济时报，2016 - 05 - 13.

［183］周雪光. "关系产权"：产权制度的一个社会学解释 ［J］. 社会学研究，2005（2）.

［184］周雪光. 组织社会学十讲 ［M］. 北京：社会科学文献出版社，2003.

［185］朱冬梅，吴文元. 市场经济条件下企业家才能的生成机制 ［J］. 财经科学，2004（4）.

［186］朱启臻，赵杨昕. 新型农业经营体系构建的基础 ［J］. 中国农业信息，2013（2）.

［187］朱启臻. 新型职业农民与家庭农场 ［J］. 中国农业大学学报（社会科学版），2013（2）.

［188］Armen A, Alchian, Harold Demsetz. Production, Information Costs and Economic Organization. American Economic Review, 1972（5）：777 - 795.

［189］Alasia A et al. Off-farm Labor Decision of Canadian Farm Operators：Urbanization Effects and Rural Labor Market Linkages ［J］. Journal of Rural Studies, 2009（1）：12 - 24.

［190］Allen D W, Lueck D. The Nature of the Farm ［J］. Journal of Law and Economics, 1998（2）：343 - 386.

［191］Alston M. Farm Women and Their Work：Why Is It Not Recognised? ［J］. Journal of Sociology, 1998（1）：23 - 33.

［192］Anderson A R , Jack S J . The Production of Prestige：An Entrepreneurial Viagra ［J］. International Journal of Entrepreneurship and Innovation, 2000（1）：45 - 57.

［193］Ashok K et al. Succession Decisions in U. S. Family Business ［J］. Journal of Agricultural and Resource Economics, 2010（1）：133 - 152.

［194］Bjørkhaug H, Blekesaune A. Gender and Work in Norwegian Family Farm Businesses ［J］. Sociologia Ruralis, 2008（2）：152 - 165.

［195］Blanc M, N MacKinnon. Gender Relations and The Family Farm in

Western Europe [J]. Journal of Rural Studies, 1990 (4): 401 – 405.

[196] Carlock R S, Ward J L. Strategic Planning for The Family Business: Parallel Planning to Unify The Family and Business [M]. UK: Palgrave, 2001.

[197] Diane Elizabeth Luhrs. Consider the Daughters, They are Important to Family Farms and Rural Communities too: Family-farm Succession [J]. Gender, Place & Culture, 2016 (8): 1078 – 1092.

[198] Emerson Peter M et al. As You Sow: Three Studies in The Social Consequences of Agribusiness [J]. American Journal of Agricultural Economics, 1979 (4): 712.

[199] Francis Moore Lappe. The Family Farm: Caught in the Contradictions of American values [J]. Agriculture and Human Values, 1985 (2): 36 – 43.

[200] Fridmann H. Household Production and The National Economy: Concepts for The Analysis of Agrarian Formations [J]. Journal of Peasant Studies, 1980 (2): 158 – 184.

[201] Gidarakou I et al. Family Farm Succession and Gender Relations: Rethinking Gender Discrimination [J]. Agricultural Mediterranea, 2000 (2): 113 – 128.

[202] Granovetter Mark. Economic Action and Social Structure: The Problem of Embeddedness [J]. American Journal of Sociology, 1985 (3): 481 – 510.

[203] Jan Anderson. Preserving the Family Farm: Women, Community, and the Foundations of Agribusiness in the Midwest, 1900 – 1940 [J]. Culture & Agriculture, 2001 (2): 39 – 40.

[204] Jane L. Glover. Capital Usage in Adverse Situations: Applying Bourdieu's Theory of Capital to Family Farm Businesses [J]. Journal of Family and Economic Issues, 2010 (4): 485 – 497.

[205] Jason Shaw Parker. Integrating Culture and Community into Environmental Policy: Community Tradition and Farm Size in Conservation Decision Making [J]. Agriculture and Human Values, 2013 (2): 159 – 178.

［206］Jones C, Hesterly S W , Borgatti P S. A General Theory of Network Governance: Exchange Conditions and Social Mechanisms ［J］. Academy of Management Review, 1997 (4): 911 – 945.

［207］Kroeber A L. Anthropology ［M］. New York: Harcourt, Brace & Co, 1948.

［208］Lin N. Social Capital: A Theory of Social Capital and Action ［M］. London: Cambridge University Press, 2001.

［209］Lobley Matt. Succession in The Family Farm Business ［J］. Journal of Farm Management, 2010 (12): 839 – 851.

［210］Lyson et al. Scale of Agricultural Production, Civic Engagement and Community welfare ［J］. Social Forces, 2001 (1): 311 – 327.

［211］Mintz S W. A Note on The Definition of Peasantries ［J］. Journal of Peasant Studies, 1974 (1): 93.

［212］Niek Koning. The Failure of Agrarian Capitalism: Agrarian Politics in the UK, Germany, the Netherlands and the USA, 1846 – 1919 ［M］. Taylor and Francis, 2002

［213］Rick Welsh. Farm and Market Structure, Industrial Regulation and Rural Community Welfare: Conceptual and Methodological Issues ［J］. Agric Hum Values, 2009 (26): 21 – 28.

［214］Ramona Marotz Baden. Income, Economic Satisfaction, and Stress in Two-Generational Farm Families ［J］. Lifestyles, 2004 (4): 331 – 356.

［215］Shanin T. Introduction: Peasantry as a Concept ［J］. In his (ed.) Peasants and Peasant Society ［M］. Harmondsworth: Penguin, 1971.

［216］Wolf E R. Peasants. Englewood Cliffs ［M］. New Jersey: Prentice-Hall, 1966.

［217］Zukin S, Di Maggio P. Structures of Capital: The Social Organization of The Economy ［M］. New York: Cambridge University Press, 1990.

后　记

本书是笔者在博士论文基础上修改完成。时间飞逝，当年博士论文写作时的场景恍如昨日，意想不到的是博士论文中表达的一些观点契合了党的十九大的某些重要论述。如今看来，博士论文最大的贡献在于在规模经营话语一统农业经营转型研究的背景下坚持了"小农户"的价值和其存在意义。而在党的十九大后，小农户与现代农业发展有机衔接的问题成为政策界和学术界的关注重点，引导了学术话语和研究立场的转型。

2017年党的十九大报告明确提出实施乡村振兴战略，发展新型农业经营主体，同时要促进小农户和现代农业发展有机衔接，发展目标也从实现中国特色农业现代化走向实现中国特色农业农村现代化。本书以家庭农场切入，但以"三农"整体视角展开研究，从中国小农经济发展的国情背景出发，明确家庭农场发展的历史起点；从家庭农场的组织特征考察其对生产力和生产关系变革的意义；从家庭农场与农户和村庄的互动分析家庭农场资源获取、合约治理等行为，也从中剖析家庭农场发展背景下的农户及社区福利变迁。因此本书的研究视角与研究内容充分契合了中国特色农业农村现代化发展和乡村振兴的时代要求，对促进新型农业经营主体发展和新时代农村进一步深化改革有一定的参考价值。

本书能够出版，首先感谢华中农业大学文法学院万江红教授和钟涨宝教授在博士期间对我的悉心指导和帮助。本书主要依托于万江红教授主持的国家社会科学基金重点项目"嵌入性视角下家庭农场的发展问题研究"展开，得益于万江红教授在研究思路、问卷设计、调研开展等方面的具体指导，博士论文得以顺利完成。博士毕业后，万江红教授依然在工作、学习和生活中给我以必要的帮助，她温暖的话语不仅给了我前行的力量，也时时鞭策我，让我努力做一个简单纯粹的人，做一个尽可能将自己的兴趣与研究结合起来的人。钟涨宝教授在博士论文选题、开题及论文修改中都提出了十分宝贵的意见，甚至不乏严肃的批评，这些都构成了论文改进和我日后进步的基础。

本书能够出版，我也要感谢贺雪峰教授的指导和帮助。贺雪峰教授及其研究团队历来倡导"田野的灵感、野性的思维、直白的文风"，每年坚持下村调研，将学问写在中国大地上，坚持在田野调查训练中形成更为清晰的问题意识。这一研究路径也深深影响了我博士论文的写作。博士论文的研究立场和研究框架正是来自攻读硕士研究生和博士研究生期间大量的驻村调研，这些调研让我在大力倡导培育家庭农场发展的最初阶段能够有所反思，能够去关注当时还不太受关注的"小农户"，能够形成"三农"整体研究视角。

本书能够出版，也要感谢我的同门师弟师妹，他们参与了家庭农场课题大部分调研，搜集了许多有用的资料和信息。我们也曾多次讨论碰撞，共同成长。他们是：安永军、赖晓轩、祁秋燕、李安冬、苏运勋、孙枭雄、杨诗淮、孙明扬、钟结硕、郭贤举。师门之谊是我们求学旅途中的美丽风景。当然，也要感谢接受我们调研的政府工作人员、家庭农场主及相关人员以及广大农民朋友们，他们的每一份付出都在为保障国家粮食安全、夯实大国之基添砖加瓦！

最后，本书的出版，我也要感谢我的家人。家人永远是我前进的动力！

管　珊

2022 年 11 月